AF453352

A Camarade Barbusse
L'Académie des
Sciences d'Art
19 16/IX 27

L'ART DÉCORATIF ET INDUSTRIEL
DE L'U. R. S. S.

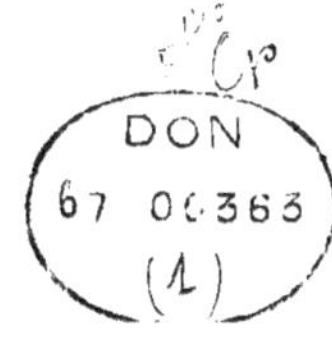

L'ART DÉCORATIF ET INDUSTRIEL DE L'U.R.S.S.

EDITION DU COMITÉ DE LA SECTION de l'U.R.S.S. A L'EXPOSITION INTERNATIONALE DES ARTS DÉCORATIFS PARIS 1925

MOSCOU

Papier, caractères, cliché
et impression exécutés à
la Manufacture des Papiers
d'État de l'U. R. S. S.

Главлит № 39589. Москва, 1925. 3000 экз.

Фабрика «ГОЗНАК». Мытная, 15.

PRÉFACE.

La Section de l'U. R. S. S. à l'Exposition Internationale de l'Art Décoratif à Paris montrera pour la seconde fois notre République dans un grand concours artistique universel.

Après l'exposition de Venise la presse de l'Europe entière a été unanime pour reconnaître que, loin de périr, notre art a produit malgré la guerre et la Révolution une lignée de nouveaux talents et, ce qui est d'autant plus important, c'est que leurs œuvres ont réussi à rendre la vie nouvelle de la Russie des Soviets et le torrent impétueux des idées et des aspirations de l'époque de la Révolution.

L'Exposition de Paris nous tient de bien près, — c'est une exposition de l'art industriel. Voici un terme qui a paru bien souvent sur les pages de nos revues d'art après la Révolution d'Octobre. C'est en effet notre Révolution qui a accentué cette idée que l'art doit avant toute chose incarner la vie réelle, qu'il doit construire la réalité et que la vraie beauté consiste dans l'adaptation de l'objet à sa destination. C'est aussi le principe de l'Exposition de Paris de 1925.

Nous avons devant nous une tâche difficile. Pendant la guerre et la Révolution notre art industriel des paysans a eu un arrêt dans son développement. Les sources intarissables de l'art populaire qu'ont créé tant d'œuvres d'une beauté originale et frappante ne trouvaient plus d'issue dans la débâcle générale. Les produits de cet art sont familiers à l'Europe qui les a toujours appreciés à leur valeur. Tout récemment à l'exposition de Venise les petites boîtes en papier-mâché, peintes par les artistes-paysans de la région de Palekh (organisés maintenant en associations ouvrières) ont eu un succès extraordinaire de vente ayant charmé les italiens par

leur peintures minuscules aux sujets nouveaux. La guerre civile terminée,
toutes les branches de l'industrie ont été développées de nouveau grâce
à l'activité fébrile de la Russie des Soviest, c'est alors que se sont éveillées
aussi les forces artistiques du peuple russe pendant quelque temps assoupies.

Le témoignage le plus frappant de cette renaissance c'est peut-être la
rapidité avec laquelle l'art populaire des paysans s'est emparé de nouveaux
sujets en parvenant à rendre dans ses créations les conditions de la vie
nouvelle. Les anciens procédés ont été utilisés pour des sujets modernes
et le souffle de la vie nouvelle a enrichi et élargi cet art. Nous n'avons
eu que peu de temps à notre disposition pour les travaux de la paix, pour
l'art et la civilisation. La République des Soviets a été obligée de travailler
à la construction de la vie nouvelle dans un entourage d'éléments hostiles.
Mais nous sommes habitués de combattre toutes sortes de difficultés en leur
opposant une énergie fébrile, un labeur infatigable, un élan de toutes les
forces actives.

Cette Exposition est non seulement le témoignage de cette énergie d'une
société éveillée pour le travail libre, mais aussi la démonstration de nos
procédés de travail. Le seul fait d'avoir accepté d'y prendre part le prouve
assez. Nous n'avions que quelques mois à notre disposition, tandis que les
autres pays ont eu des années pour les préparatifs. Nous nous rendons à
l'Exposition presque le lendemain du jour où nous avons été reconnus.
Néanmoins nous saurons montrer de belles créations de l'art populaire russe.
Pour tous ceux qui continuent à croire que la Russie ne présente plus
qu'un désert hanté de fauves, ces œuvres d'art seront la démonstration du
contraire; elles prouveront qu'une nouvelle génération a fait son apparition en
Russie, qu'une nouvelle jeunesse s'y est formée, que de nouveaux groupes sociaux s'y composent animés de l'unique idée pathétique du communisme.

Les peintres des images saintes d'autrefois ne s'inspirent plus des sujets
d'«icones», du «bon vieux maître» et d'autres sujets d'époque patriarcale,
c'est la vie des soldats rouges, la vie des «pionnaires», c'est l'électrification
de la campagne qui les inspire.

Notre grande industrie artistique est aussi riche en créations nouvelles.
Notre célèbre Manufacture de porcelaine d'État qui servait avant la
Révolution les goûts faux d'une société aristocratique dégénérée est devenue
actuellement un centre florissant des meilleurs artistes de la nation riches

de nouveaux sujets. Faut-il dire que l'une des sections les plus intéressantes de l'Exposition sera sans doute celle de nos théâtres ou des maquettes attestant l'audace et la richesse d'invention de nos décorateurs et de nos régisseurs; elle sera un sujet d'étude et d'admiration pour tous ceux qui ne sont pas embourbés définitivement dans la fange du théâtre bourgeois, pour tous ceux qui s'entendent à saisir le souffle d'un art nouveau.

Nous n'avons pas de crainte pour notre art polygraphique. Il sera exposé par notre «Gossizdat» (entreprise d'édition de l'U. R. S. S. — la plus grande du monde); on pourra admirer dans cette section des couvertures de livres, composées par nos artistes-constructivistes.

Il n'y aura dans notre section ni meubles de luxe, ni tissus précieux. Au Grand Palais les visiteurs ne trouveront chez nous ni fourrures, ni diamants. Mais ceux qui sauront sentir le mouvement montant des classes créatrices de nos jours pourront apprécier la simplicité recherchée et le style sévère du club des ouvriers et du salon de lecture à la campagne («izba-tchitalnia»). Ici tout est nouveau, tout y rend la civilisation naissante des deux classes qui mènent actuellement la Russie vers le règne du travail et de la liberté. Les meilleurs représentants de la France—ses hommes de lettres et ses artistes les mieux doués m'ont dit maintes fois: «nous autres qui appartenons à l'art, ce n'est qu'à travers l'art que nous parviendrons à comprendre votre vie nouvelle et votre Révolution». C'est notre art que nous exposons maintenant dans un concours international. Convaincus que nous sommes que nos nouveaux constructeurs ont beaucoup de choses à dire à l'humanité et que tout ce qu'il y a dans l'humanité de plus vibrant ne tardera pas à nous connaître et à saisir à travers l'art le vrai sens de notre lutte, c'est avec cette conviction que nous entrons résolûment dans la lice du nouveau concours artistique des nations.

P. Cogan.

«Laboureur», miniature sur papier-mâché —
œuvre du «constar» (Jolikoff).

Projet de décoration du tombeau de Lénine.

L'EXPOSITION DE PARIS DOIT AIDER À FAIRE CONNAÎTRE l'U. R. S. S.

Avant la Révolution on ne connaissait en France que la façade somptueuse de la Russie monarchique. Les capitalistes français savaient sans doute que le sol de l'énorme Empire renfermait des richesses incalculables et qu'il était très avantageux d'y placer leurs capitaux.

La France intellectuelle avait une idée de la «nichée de gentilhommes» ruinée d'après le roman de Tourguéneff, de la famille des Karamasoff d'après Dostoievsky, du «Pouvoir des ténèbres» d'après le drame de Tolstoï, des vagabonds russes d'après les nouvelles de Gorki, mais cependant le vrai visage de la Russie ouvrière d'autrefois n'était connu de personne.

Les gouvernements de tous les temps et de tous les pays ne considéraient l'alliance avec la Russie que sous l'aspect d'affaire avantageuse livrant en cas de guerre des millions de paysans russes au feu de l'ennemi. C'est pourquoi la Révolution d'Octobre a causé tant de surprises à l'univers en général et à la France en particulier, où la classe dirigeante était si sûre de la fragilité des conquêtes de la Révolution.

Les considérations pratiques, politiques et économiques ont mis à l'ordre du jour dans tous les pays la question de l'étude impartiale de l'U. R. S. S. Pendant les dernières années l'U. R. S. S. a entrepris plusieurs fois des «sorties» à l'étranger, parfois elle a réussi à éclairer telle ou telle question, mais ce n'est que l'Exposition de Paris qui lui permettra pour la première fois de présenter à l'univers entier un tableau plus ou moins fidèle et complet des Républiques Fédérées.

Deux ans de ça l'U. R. S. S. a pris part à l'exposition internationale de Florence en exposant l'industrie du livre dans la République des Soviets; l'année dernière elle a pris part à l'exposition de Venise, en montrant à l'Europe Occidentale notre peinture et notre sculpture; c'est par ces moyens que nous avons réussi de persuader un certain nombre de personnes que la civilisation en Russie était loin de périr sous le gouvernement communiste, qu'au contraire le travail dans le domaine des sciences et des arts n'a pas cessé de continuer. Les étrangers, qui ont visité Moscou en 1923 ont eu l'occasion de s'en persuader en visitant l'exposition russe de l'agriculture et de l'industrie qui a démontré notre progrès économique et technique d'une manière si saisissante. Mais ce ne sont point les expositions avec leur choix d'objets plus ou moins triés qui sauraient à elles seules convaincre l'Europe Occidentale de nos progrès. Les impressions personelles des étrangers, qui visitent l'U. R. S. S. pourront les persuader mieux en leur donnant la possibilité d'observer notre vie ordinaire jour par jour.

Bien d'autres moyens des plus accessibles peuvent aider à faire connaître l'U. R. S. S. pendant les dernières années; bien de nouvelles voies ont été ouvertes pour faciliter le contact des représentants du travail intellectuel de la République Soviétique avec leurs confrères de l'Europe Occidentale. Un rôle important appartient sous ce rapport aux sociétés de rapprochement intellectuel avec l'U. R. S. S. qui ont été fondées en Allemagne, en Angleterre, en Suisse, dans les pays scandinaves, en Autriche et en France et récemment en Italie.

Des organisations de ce genre semblent être en train de se former en Argentine et en Amérique. Ce n'est que maintenant que les conditions politiques ont permis à la «société de la nouvelle amitié Franco-Russe» de concentrer tous ses efforts pour faire connaître mutuellement en France et dans la Russie des Soviets les résultats atteints pendant les dernières années. Ce travail ne vient que d'être commencé, mais nous sommes sûrs du succès et nous promettons de l'aider par tous les moyens possibles.

Nos relations intellectuelles avec tous les autres pays de l'Europe Occidentale et de l'Amérique se sont étendues considérablement.

Il faut naturellement les considérer au point de vue relatif à leurs proportions au moment de la fin de la guerre civile et du blocus. Actuellement des centaines d'écoles et d'institutions scientifiques de l'étranger et de l'U. R. S. S. ont organisé un échange réciproque de leurs éditions. Mais le contact entre nous et la science étrangère ne se borne pas à l'échange des éditions. Les savants russes reparaissent de nouveau dans les congrès internationaux en Amérique, en France, en Angleterre, en Allemagne, en Hollande, en Tchèco-Slavie, en Italie. Leurs rapports sur les dernières recherches de nos laboratoires et autres institutions enrichissent la science de la part du travail scientifique russe.

Les savants étrangers à leur tour prennent de plus en plus souvent leur part dans nos congrès scientifiques (par exemple ceux des sciences de la physique, de la médecine etc.). Les liens vivants entre la Russie contemporaine

„Le cortège révolutionnaire" — plateau en laque peinte, trav. de l'Institut de l'Art Décoratif à Léningrad.

et l'Europe Occidentale sont encore entretenus par les journalistes, les écrivains et les hommes politiques qui nous ont visité. Plusieurs d'entre eux ont réussi d'étudier en détail les résultats atteints par le système des Soviets dans tous les genres du travail intellectuel.

Ils ont amassé des matériaux importants et ont publié des travaux consacrés à l'U. R. S. S. L'intérêt inspiré par la Russie des Soviets aux grandes masses populaires de l'Europe ne fait qu'augmenter, et les ouvrages qui lui sont consacrés se répandent de plus en plus.

Dans le cours de la huitième année de l'existence de la Fédération Soviétique il est devenu évident pour tout le monde en Europe qu'on ne

saurait étudier la sociologie et l'économie politique sans avoir fait une connaissance approfondie avec la Constitution des Soviets, le droit et l'économie
des Soviets. C'est pourquoi diverses sociétés et instituts (dans le genre de
«l'Institut allemand pour l'étude de l'Europe Orientale») et même des universités s'adressent à nous en nous priant d'envoyer des professeurs de l'U.R.S.S.
pour ouvrir des cours publiques sur les différentes institutions de l'ordre
soviétique. Quelques professeurs des Universités de Berlin, de Heidelberg
et de Nuremberg ont fait venir de la Russie des matériaux concernant la
Révolution d'Octobre, la jurisprudence soviétique, le code des lois russes etc.,
se proposant d'ouvrir des cours sur ces sujets. Des écoles ont ouvert des
séminaires spéciaux et des sections pour étudier la Russie contemporaine.
Ainsi par exemple M. Winkler, professeur à l'Université de Kœnigsberg en
Prusse, a organisé une section pour l'étude de l'art russe; le géographe-
économiste professeur Obst qui vient de visiter la Russie, a établi une
«section russe» à l'école polytechnique du Hanovre; l'économiste professeur
Étienne Bauer a établi à l'Université de Bâle un séminaire pour l'étude
de l'économie sovétique. Le gros du public qui ne peut fréquenter les cours
des universités ni entendre les rapports des «Sociétés de rapprochement
avec l'U. R. S. S.» demande à avoir des informations plus exactes sur
l'U. R. S. S. dans les journaux. Les fantastiques nouvelles «des correspondants
spéciaux», — qui généralement ne sont pas allé plus loin que Reval ou
Helsingfors, — ne sauraient plus les satisfaire. Les blagues sur le «vandalisme»
dominant notre «pays barbare» ne persuadent plus personne, ils ont même
fini par ennuyer le lecteur. C'est pourquoi les journaux, même les plus
hostiles au communisme, comme tendance politique, s'efforcent de donner
des informations plus impartiales. En France, outre «l'Humanité», les journaux
qui s'efforcent de combler les lacunes d'information sur l'U. R. S. S. sont
l'organe de la société de l'amitié Franco-Russe «Amitié Nouvelle» et le
journal «L'amour de l'Art» qui publie une livraison spéciale consacrée aux
Républiques des Soviets.

Dans l'U. R. S S. les grandes masses de la population ouvrière sont
actuellement admises au travail de civilisation, ces masses qui n'avaient
avant la Révolution leur part que dans le travail physique dans des conditions
d'incroyables abus, sans espoir aucun de pouvoir jouir des biens moraux
demeurant alors l'apanage exclusif des classes aisées de notre pays.

Le nouveau pays des Soviets arbitrairement détaché des travailleurs de
l'univers entier, a tâché dès les premiers jours à démontrer l'image vraie de
la Révolution: dès que l'occasion s'est présentée de donner des informations
véridiques il a créé une organisation ayant pour but de répondre à toutes
les questions venant des pays étrangers et à faciliter le rapprochement
intellectuel et scientifique de l'U. R. S. S. avec le monde entier. Cette

Boîtes en bois peintes (travaux des «coustars» de Moscou).

organisation, fonctionnant sous le nom de la Société des relations culturelles entre l'U. R. S. S. et l'Étranger, s'occupe non seulement de l'échange des imprimés entre les instituts scientifiques de la Russie Soviétique et ceux de l'Europe, non seulement de l'approvisionnement des sociétés de rapprochement de livres et d'autres matériaux, elle publie en outre un bulletin régulier concernant les sciences, les beaux-arts et la vie nouvelle de l'U. R. S. S. Ce bulletin contient des articles et des notes, qui sont un résumé de tout ce qu'il y a de nouveau dans la vie intellectuelle des Républiques Sovéti-

„Prise du Palais d'Hiver", mise en scène en masse pendant une fête révolutionnaire à Léningrad

ques sous tous les rapports. Ce bulletin est répandu dans les pays de l'Europe Occidentale et de l'Amérique du Nord et l'authenticité de ses renseignements lui donne de plus en plus d'importance dans la presse périodique de l'Europe. Le bureau des photographies faisant partie de la Société a réussi, pendant les quelques mois de son existence, de communiquer à l'Europe et à l'Amérique des milliers de photographies, bien différentes de ces illustrations absurdes qui ont bien souvent «orné» les pages des revues et des journaux les plus sérieux et qui ont été fabriquées par des personnes n'ayant jamais visité la Russie. C'est ainsi que par divers moyens et bien souvent sur l'initiative des étrangers mêmes, sentant l'impossibilité de rester isolés du travail intellectuel d'un peuple de 140 millions d'habitants, les résultats acquis et le travail intellectuel quotidien de l'U. R. S. S., accomplis actuellement par les grandes masses populaires deviennent de plus en plus l'apanage du monde entier.

La voie des suppléments spéciaux entièrement consacrés à l'U. R. S. S. a été inaugurée par le journal tchèco-slovaque de langue allemande «Prager Presse», par le journal de Vienne «Der Abend», par le «Manchester Guardian», etc. En Allemagne on peut compter par dizaines les journaux et les revues qui reproduisent exactement ou en compilations diverses les articles de la revue de la Société de Berlin des amis de la Nouvelle Russie «Das neue Russland».

Si l'Exposition Internationale de Paris parvient a révéler ne fût-ce qu'une partie de la nouvelle vie morale des peuples de la Fédération après la Révolution, ne fût-ce qu'une partie des nouvelles valeurs intellectuelles créées dans les conditions pénibles de la guerre civile et du blocus, si l'Exposition réussit à en donner ne fût-ce qu'une idée à ses visiteurs, profond sera le sentiment de contentement pour tous ceux qui tiennent au cœur le rapprochement de la Russie moderne avec le monde entier.

Pour terminer je voudrais exprimer l'espoir que les vrais amis de l'Union des Soviets tâcheront d'utiliser les impressions éprouvées dans notre petit pavillon comme documentation de cours, conférences, articles, etc., en un mot pour l'information des grandes masses populaires, s'intéressant à la vie et au développement du travail intellectuel et des beaux-arts dans l'U. R. S. S.

O. D. Kameneff.

Club du Théâtre Meyerhold.

DÉVELOPPEMENT D'ART DANS L'U. R. S. S.

Notre pays vient de traverser une crise terrible: il a dû concentrer tous ses efforts pour défendre ses frontières, pour sauver les premiers éléments économiques et ce qui est pis encore — il a dû lutter contre la famine, contre la dernière misère, combattre les maladies contagieuses, la mortalité croissante des enfants etc. Évidemment dans ces conditions-là on pourrait s'attendre à voir le niveau de la vie intellectuelle baisser sous tous les rapports, surtout en ce qui ne concerne pas les besoins élémentaires de la vie sociale. Cependant, le gouvernement des Soviets a tâché de ne pas laisser périr tout ce qu'il y a de plus fin dans la civilisation. Autant qu'il lui a été possible il a tâché non seulement de sauver les trésors de l'art et de la science les plus précieux, légués par le passé, mais encore il a cherché de développer les germes de la civilisation nouvelle.

Dans ce travail le pouvoir des Soviets, outre les calamités de toute sorte, s'est heurté à de certaines difficultés d'un ordre idéologique. Premièrement une partie importante des intellectuels s'est mise en une position franchement hostile et pour fin de compte a échoué à l'étranger. L'autre partie, celle qui est restée en Russie, particulièrement celle qui possédait le don de la création dans le domaine de l'art et de la science a témoigné longtemps une méfiance profonde.

Faut il ajouter que le niveau matériel de la vie de ces intellectuels a sensiblement baissé à cause des ébranlements sociaux. En premier lieu ce changement a diminué leurs forces, secondement ça a été un obstacle bien réel pour tout travail régulier, enfin une lutte intérieure s'est engagée dans le milieu artistique (ceci concerne beaucoup moins les savants). Les soi-disant «gauches», sommairement les «futuristes», ont violemment nié toute civilisation antérieure. En retour, les défenseurs de l'ancienne civilisation: les réalistes, les symbolistes etc., ont énergiquement blâmé l'art nouveau, le qualifiant de faux et d'imposteur. Un autre obstacle d'une importance peut-être encore plus grande s'est présenté dans un autre ordre d'idées. Les communistes et ceux qui leur tenaient de près, les premiers représentants des nouveaux «intellectuels» avancés par le prolétariat, ont considéré avec méfiance, et parfois même avec hostilité, la civilisation antérieure à la Révolution; en revanche, les représentants de cette civilisation étaient disposés à franchement nier les «essais enfantins» des nouveaux-venus.

Le gouvernement des Soviets a adapté le point de vue de considérer les monuments de l'art ancien légués par le passé comme dignes d'être gardés avec tout le soin possible. Ce n'est pas le lieu ici d'entrer dans les détails, mais il suffit de dire que nos musées, dans le sens le plus étendu du terme, y comprenant les palais, les châteaux et les églises, ont été protégés, comme on ne pourrait le faire davantage; que les musées les plus importants ont été encore perfectionnés et agrandis en y versant les collections privées ne fût-ce que pour les sauver. Ces collections agrandies ont été classées, un travail très considérable a été accompli pour faire circuler dans les musées des excursions continuelles ou périodiques, des expositions très intéressantes ont été organisées etc. En un mot le lien des musées avec la population est devenu beaucoup plus intense qu'avant. Il en est de même pour les institutions scientifiques et artistiques (telles que théâtres, orchestres, chœurs, sociétés musicales etc.) qui ont été soigneusement gardées et existent encore, malgré les attaques parfois enragées des novateurs révolutionnaires qui considèrent tous ces établissements comme surannés et comme versant la contagion du passé dans notre civilisation nouvelle. Fidèle aux leçons de Lénine, le gouvernement des Soviets ne craint pas ces éléments de contagion propres à la civilisation qualifiée par Lénine comme «civilisation des propriétaires, des bureaucrates et de la bourgeoisie». Le gouvernement des Soviets comprend fort bien que les trésors de l'art passé (et d'autant plus ceux de la science) contiennent une quantité d'éléments précieux, utiles et absolument indispensables pour le développement de la civilisation nouvelle.

D'un autre côté notre gouvernement s'est efforcé, et continue de le faire d'une manière de plus en plus énergique, de pousser l'art à quitter l'état d'engourdissement et de routine, dorénavant absolument morte, où il se trouve. Le pouvoir des Soviets s'intéresse actuellement à ce que l'art et la science répondent entièrement aux nouvelles exigences de la vie, qu'ils observent cette vie,—les yeux grands ouverts,—qu'ils la rendent avec passion et vérité dans tous ses détails, qu'ils trouvent une expression d'art aux sentiments et aux idées des prolétaires et de l'avant-garde des paysans, appelés par la Révolution à la construction historique de la vie nouvelle. Le pouvoir des Soviets a éprouvé bien des attaques sous ce rapport comme

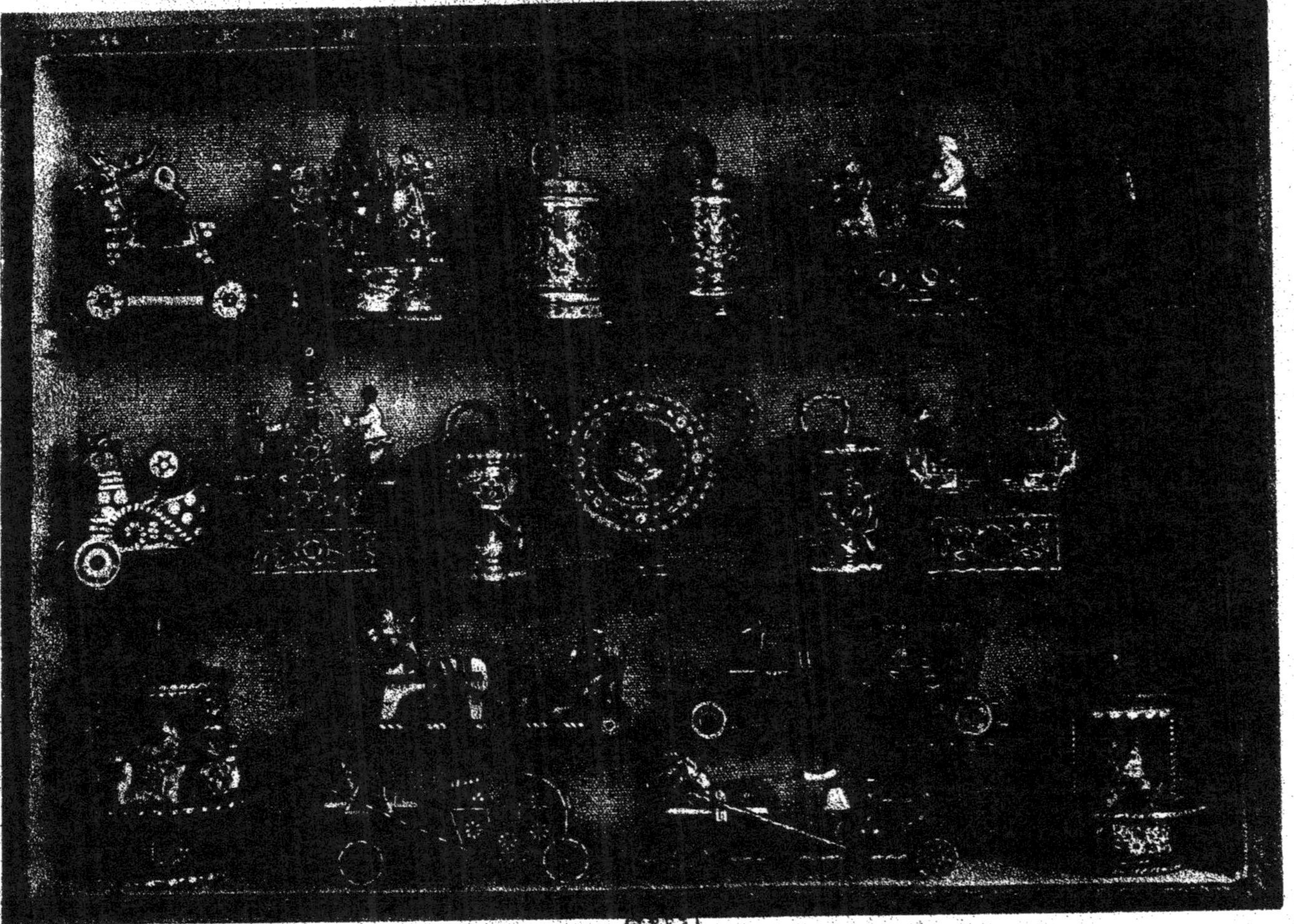

Jouets en papier-mâché peints par A. Dournovo.

sous les autres, mais il les a repoussées d'une main ferme, quoique avec pré-
caution, il a dirigé les vieux artistes et les vieux savants dans cette voie,
en protégeant en même temps les nouveaux germes, en leur prêtant tout
le concours possible.

Le travail du gouvernement dans le domaine de la civilisation (y compris l'instruction publique proprement dite) a été très important, mais néanmoins il serait nul sans le concours de la population même et du pays
entier. La nouvelle civilisation, à mesure que la vie devient plus normale,
se développe avec une énergie particulièrement intense. Je ne parlerai ici

Scène de „Princesse Turandot" (3-e Studio du Théâtre d'Art de Moscou), mise en scène de Nivinsky.

ni de la science, ni des résultats de ses travaux. On ne pourrait douter
que notre science, malgré toutes les épreuves, n'a pas eu d'interruption et
que nos savants ne sont pas restés en arrière par rapport à ceux de l'Europe
Occidentale. On peut s'attendre à une nouvelle impulsion dans leurs travaux
comme conséquence des tendances déjà marquées pour renouveler les liens
étroits des savants du monde entier.

Dans le domaine de l'art il faut citer à la tête du mouvement nos
belles-lettres. Certains de nos écrivains, jouissant d'une grande réputation
acquise avant la Révolution, ont «transplanté les jalons» selon leur propre
expression, ils ont reconnu l'utilité de la Révolution et se sont posé le but
de donner l'expression littéraire aux nouveaux thèmes de la Révolution.

17

Citons d'abord ceux qui sont entrés dans le parti communiste: feu Brussoff, Seraphimovitch, auteur d'une des meilleures œuvres de l'époque, un poème en prose intitulé: «le Torrent de Fer». Puis il y a ceux qui font leur possible dans cette voie sans s'unir définitivement aux forces centrales de la Révolution. Enfin la Révolution a su créer dans ses entrailles des phalanges nouvelles de ses propres auteurs. Au premier rang pour leurs talents se présentent le jeune Léonow, Seyfouline, Vsevolod Ivanow, Zaroubine et bien d'autres que je me refuse de nommer parce qu'ils ne sont qu'au commencement de leur carrière. Mais ce qu'ils ont déjà donné est riche de promesses. Dans le domaine de la poésie les plus distingués sont N. Tihonow, les communistes Bezimensky, Jarow, Casine, Doronine et beaucoup d'autres. Tout ce groupe forme le noyau des auteurs associés actuellement en une «Association russe d'hommes de lettres prolétaires». On ne saurait passer sous silence parmi les travaux en prose des auteurs prolétaires une œuvre telle que «Chapaew» par Fourmanoff.

Parmi les futuristes c'est surtout Mayacowsky et après lui Asseyeff et Tretyakoff qui ont donné des œuvres révolutionnaires remarquables.

Le drame se ressent aussi d'un certain progrès.

Nous pouvons affirmer que les belles-lettres russes sont entrées dans une période d'un nouveau épanouissement. Le théâtre soviétique se trouve peut-être à un niveau encore plus élevé; il n'est, certainement, question que de Moscou et de Léningrad—le théâtre en province ne fonctionnant pas avec autant d'intensité. Mais j'ai plutôt en vue les recherches purement formelles que les pièces de théâtre proprement dites quoiqu'en fait de drames il y a pas mal de nouveau. Une lutte acharnée s'est déclarée entre différentes tendances, différents théâtres et différents régisseurs. Le théâtre russe moderne est extrêmement riche en nuances: non seulement les grandes entreprises, mais encore les théâtres de moindre portée et même les studios (associations des jeunes artistes) ont parfois monté des spectacles d'une grande importance artistique. Les anciens théâtres, tels que le Grand Théâtre, le Petit Théâtre et le Théâtre d'Art de Moscou, montrent un mouvement marqué quoique lent dans la direction répondant à l'appel de l'actualité. Ce mouvement s'est concentré par excellence dans les nouveaux théâtres du parti gauche de l'art théâtral.

Citons en premier lieu le second Théâtre d'Art de Moscou, ci-devant 1-re Studio (association de jeunes artistes). Toute une série de mises en scène de ce théâtre effectuées après la Révolution (comme «Eric XIV», «L'apprivoisement de la rebelle», et, cette dernière année, «Hamlet» et la «Puce») ont marqué un grand progrès très apprécié par notre public, de même que par les étrangers qui en ont pris connaissance.

Une autre association de jeunes artistes du Théâtre d'Art qui a fini
par s'en séparer et qui porte à présent le nom «Studio Wachtangoff»
a monté du vivant de son directeur, vrai homme de génie: «le Miracle
de St. Antoine» de Maeterlink, et «la Princesse Tourandote» de Gozzi,
qui continuent d'être joués jusqu'à présent. Après la mort du directeur
Wachtangoff Studio a prouvé sa vitalité en montant les petites pièces
de théâtre de Mérimée et une ancienne comédie russe: «Léon Gouritch
Sinitchkine». C'est une branche du Théâtre d'Art, qui est bien plus en
harmonie avec les exigences de la vie que le groupe du théâtre même
quelque peu arriéré, quoique gardant une importance extrême.

Scène du ballet „Le Beau Joseph" (Théâtre Expérimental de Moscou) — mise en scène d'Erdmann.

On doit citer les mises en scène brillantes de Studio musicale du Théâtre
d'Art. Ses recherches sont marquées de fraîcheur, par exemple la «Carmen-
cita», musique de Bizet, et la «Lysistrate» d'Aristophane.

Les recherches du Théâtre de Chambre sont pleines d'intérêt et de verve.
En montant la «Sainte Jeanne» de Bernard Show ce théâtre vient d'entrer
dans la voie nouvelle du drame social simple, mais profond.

Mais tout ce qu'il y a de plus original c'est le théâtre du révolutionnaire
turbulent Meyerhold appartenant au parti communiste et honoré du titre
d'artiste de la Nation, de pair avec les sommités reconnues de notre théâtre
comme: Ermolova, Iugine, Davidoff, Stanislavsky, Nemirowitch-Dantchenko

19

et autres. Dans ce théâtre il n'y a presque pas de spectacle qui ne découvre de perspectives nouvelles. Ses trouvailles ne jouissent pas toujours d'une approbation générale, mais il a infiniment d'esprit. Jusqu'au dernier temps il a marqué une certaine tendance vers le Music-Hall, mais actuellement il paraît évoluer vers le théâtre proprement dit.

Des recherches intéressantes pour donner une réponse aux problèmes psychologiques et idéologiques du théâtre sont à marquer. N'oublions pas de citer le meilleur des théâtres privés de Moscou — « La Comédie »; quelques uns de ses spectacles ont été à leur tour des événements.

La vie théâtrale de Léningrad ne cède que de peu le pas à celle de Moscou. C'est là qu'ont eu lieu les mises en scène très remarquables, comme nouveauté, des pièces comme la « Révolte des Machines » par A. Tolstoy, les pièces de l'expressioniste allemand Georg Kaiser etc.

Un grand nombre de peintres-décorateurs et constructeurs se sont fait remarquer dernièrement. Citons au premier rang Rabinowitch, Vesnine, Exter, Altmann et bien d'autres.

Il me reste à citer les théâtres juifs; l'un de ces théâtres se sert de l'ancien hébreux. La mise en scène de « Gadibouc » par Wachtangoff est particulièrement remarquable. Un autre de ces théâtres à donné toute une série de pièces fort soignées en se servant du jargon juif. Cet abrégé ne saurait donner une idée juste du développement énorme de notre théâtre, et cependant l'état ne peut donner aux théâtres que des subventions misérables, et le public, appauvri qu'il est, a encore sensiblement diminué en nombre en comparaison avec le temps précédant la guerre. Mais les difficultés économiques n'ont pas nui à l'épanouissement éclatant et original du théâtre moderne russe.

La peinture a eu un sort moins heureux. Il serait impossible de décrire ici toutes les luttes entre les différents partis. On peut affirmer que nous avons réussi à garder chez nous un grand nombre des meilleurs maîtres de l'époque précédant la Révolution. Il suffit de nommer Paul Kousnetzoff, Machkoff, Kontchalovsky, Falk, Arhipoff, Krymoff etc., etc. Les peintres du parti gauche se sont fait remarquer à leur tour. L'engouement excessif pour l'art analytique dans la direction du futurisme, du cubisme et du suprématisme ne s'est pas montré conforme aux exigences du pays, néan-moins quelques uns de cette lignée comme Sternberg, Altmann, Annenkoff etc. sont restés d'une importance extrême.

Les recherches des artistes de la Gauche dans le domaine de l'art appliqué, si brillamment représenté à cette Exposition, ont donné des résultats particulièrement intéressants. On peut citer la peinture sur porcelaine de Tschekhonine et de toute une lignée d'autres artistes; les peintures sur tissus de Popoff, les travaux de Rodschenko etc. L'art d'affiche révolutionnaire

Les boîtes d'écorce de bouleau et du bois peintes (travaux des « coustars »).

a eu un développement formidable; notre art graphique en général a atteint un niveau particulièrement élevé. Il serait inutile d'y insister: les visiteurs de l'Exposition seront en état de s'en persuader eux-mêmes. Notre jeune génération, bondant nos établissements scolaires — en trop grand nombre d'abord — abonde en talents frais et remarquables. Ce qui est très caractéristique c'est la formation dans ce dernier temps des grandes Sociétés d'Artistes, tant anciens que modernes, appartenant tant à la Gauche qu'à la Droite, se réunissant pour servir aux exigences artistiques du peuple moderne.

La plus grande de ces organisations est « l'Association des Artistes de la Russie Révolutionnaire », qui a réussi d'organiser sept expositions de peintures faites après la Révolution. La toile gigantesque de Brodsky, représentant Lénine à l'Assemblée des Soviets, a attiré une attention toute particulière.

Quelques faits sont à citer dans le domaine de la sculpture. Quelques beaux monuments ont embelli Moscou, celui de Dostoïevsky, celui de la Place des Soviets, etc.

Il est moins possible d'atteindre des succès marqués dans le domaine de l'architecture — toutes constructions ayant cessé dans le pays. Ce n'est qu'à présent que quelques possibilités commencent à poindre sous ce rapport. Mais la pensée architecturale est aussi vibrante de vie que toutes les autres. On y perçoit les mêmes éléments de lutte entre les courants de la Gauche et de la Droite.

Les plus grandes espérances surgissent devant nous du fait que notre civilisation de l'U. R. S. S. est basée sur les éléments variés de la production artistique des différents peuples qui l'ont formée. L'art populaire des nations innombrables, réunis actuellement en une alliance fraternelle, ne saurait être pour nous rien que de l'ethnographie. Ce sont pour nous les éléments féconds de l'édifice gigantesque de notre civilisation soviétique dont les premières pierres sont placées par nos mains dans un transport de joie. La part que nous prenons à l'Exposition Universelle de Paris ne peut être que fort modeste. Mais cependant nous espérons que cette exposition va confirmer notre thèse, à savoir que le nouveau et l'ancien, non sans lutte intérieure par moments, mais avec une sûreté et une puissance de plus en plus grandissantes, ont commencé à construire une nouvelle civilisation, — civilisation qui n'a eu aucun précédent et qui contient un monde si vaste d'éléments de nations et de classes, que jamais aucune autre civilisation connue de l'histoire n'en a contenu autant.

A. Lunatcharsky.

„Le mariage sovétique" — couteau pour papier en bois peint — (travail de „coustar").

LA RUSSIE—PAYS D'ART DÉCORATIF.

La Russie tient une place à part dans l'histoire de l'art décoratif. Tous les pays, tous les peuples de l'Europe Occidentale ont eu à leur tour leur époque d'épanouissement de cet art. Mais dans aucune des ces contrées il ne parvint à un degré de développement aussi exceptionnel et nulle part l'époque d'épanouissement de cet art n'a eu autant de durée. En Russie, comme dans les contrées de l'Orient, l'élément décoratif a subjugué et dominé pendant des siècles tous les genres des beaux-arts.

C'est ainsi que dans l'ancienne architecture russe les principes constructifs, toujours simples, logiques, riches en solutions heureuses et inattendues des problèmes les plus difficiles, sont constamment dissimulés par l'abondance excessive des éléments décoratifs. Dans l'ancienne peinture russe — les icones et les peintures murales — il n'y a pas de doutes pour tout observateur tant soit peu versé, que cet art est entièrement pénétré par l'élément décoratif. C'est un art qui transforme de la manière la plus absolue toutes les formes de la vie en motifs de décoration, un art, fondé sur la faculté développée chez l'artiste russe jusqu'à une virtuosité prodigieuse de trouver partout un principe décoratif, de transfigurer tout en motif d'ornementation, en valeur colorée.

Les fouilles de Kiev datant de 1900 environ ont découvert les restes des grands ateliers d'art décoratif qui correspondent à l'aurore même de la vie politique de la Russie, c'est-à-dire à l'onzième siècle. Les annales de l'Europe Occidentale contiennent une série d'anciens témoignages qui attestent le degré de perfection atteint dans l'art décoratif par les maîtres russes.

Un auteur Byzantin du XII siècle s'extasie abondamment sur la perfection d'une écritoire sculptée en ivoire par un artiste russe resté inconnu, ce qui a d'autant plus de valeur, que les Byzantins de l'époque n'étaient pas juges vulgaires en matière d'art décoratif. Plano Carpini (Jean du Plan), de l'ordre des Dominicains qui a visité la Russie en 1245 apprécie hautement un autre sculpteur russe — maître Cosme — qui sculpta un trône extraordinaire de beauté pour le khan de Tartarie. A mesure qu'on approche de l'époque critique — du XVIII siècle, les témoignages écrits sont remplacés par d'abondants monuments qui témoignent de la manière la plus efficace des grands talents des maîtres russes en matière d'art décoratif.

L'abondance de ces monuments nous porte à croire que la Russie a connu cette vie toute empreinte d'art que nous admirons tant dans l'Italie de l'époque de la Renaissance, époque d'un épanouissement surprenant de l'art décoratif, époque de transfigurations étonnantes des artisans les plus ordinaires en de vrais maîtres artistes et des objets les plus vulgaires en des œuvres de grand art.

En examinant les œuvres de l'art russe de l'époque antérieure à Pierre le Grand, il n'est pas rare d'en découvrir de surprenantes. Ce qui est surtout remarquable, c'est la perfection avec laquelle les maîtres russes ont su transformer en œuvres d'art les détails prosaïques, les parties de service des objets utilitaires. Les musées russes abondent en exemples de cet artistisme, mais c'est peut-être dans les armes à feu que la passion, toute innée, de décorer à n'importe quel prix s'est démontrée de la manière la plus persuasive. Les parties toutes utilitaires, telles que la mécanique de la batterie, les ressorts faisant jouer le chien et le briquet, sont transformées par l'armurier russe en des compositions décoratives, n'atténuant en rien la qualité de l'arme comme engin de guerre, mais en assujettissant la technique à l'esthétique, en empreignant du jeu de l'imagination la solution du problème purement industriel. Les exemples sont abondants de ce faire adroit, de cette faculté surprenante d'illuminer de beauté artistique les objets les plus vulgaires. On les trouve aisément dans les métiers privilégiés comme la fabrication des armes à feu, mais encore, ce qui est d'autant plus important, on les trouve aussi dans les objets les plus ordinaires de la vie des paysans, dans ces objets que l'agriculteur-artiste a coutume de créer pour son propre usage, dans ses moments de loisir, quand il n'est guidé que par son instinct artistique personnel.

Les modèles de l'Orient et de l'Occident n'ont fait qu'inspirer les anciens artisans russes. Ils ont servi de prétexte pour la création des nouveaux motifs qui sont en fin de compte eminemment russes. Bien des fois les artisans russes ont réuni les modèles les plus différents et les procédés d'art les plus variés comme technique et comme matière. L'imitation des carreaux de faïence de Delft en réunion inattendue avec les images des gravures sur bois allemandes ont créé une branche nouvelle et originale dans l'art des émaux russes — les coupes en émail peint de la Russie du Nord. D'une main sûre les maîtres-émailleurs russes du XVII siècle peignent sur un fond d'un blanc de neige des cygnes qu'ils n'ont certes jamais vus de leurs propres yeux, des scènes mythologiques qu'ils ne peuvent comprendre, enfin de beaux et sveltes adolescents de l'Europe Occidentale. Ces figures d'origine éminemment étrangère sont aisément transformées par leurs mains en motifs d'ornementation nationale ainsi qu'ils le font avec les modèles purement orientaux.

C'est de l'Orient que l'art russe a puisé le goût des couleurs vives, des taches intenses, c'est de l'Orient qu'il a pris le rythme de la composition, c'est de l'Orient qu'il a emprunté le jeu libre et aisé de l'ornementation, même dans des circonstances particulièrement défavorables. L'art russe est tellement empreint d'éléments orientaux, que l'Europe Occidentale éprouve parfois des difficultés à les différencier, qu'elle est parfois portée à considérer l'art russe sous l'aspect d'un art intermédiaire, de l'art de l'Eurasie. Et telle était la vigueur de ce style décoratif de la Russie, tel était ce charme qu'il exerçait, que les artistes de l'Europe Occidentale, appelés par le tzar à Moscou, ne pouvant résister à sa puissance, finissaient par l'adapter.

Où donc est le germe de la croissance grandiose de ce style, où est la cause de son riche épanouissement? Il serait inutile de les chercher dans les conditions du moyen âge russe, d'autant plus que la Russie était naturellement de beaucoup devancée par l'Europe Occidentale dans son développement. La cause est sans doute dans le caractère même du peuple, dans la psychologie des masses populaires, dans la nature du pays et dans les conditions économiques, dans le goût inné des Russes pour les détails décoratifs et toute sorte d'ornementation, goût qui leur est commun avec les orientaux, enfin dans les sources inépuisables et précieuses de l'inspiration décorative, qui ont toujours fécondé et fécondent encore le travail du paysan russe. Ce n'est que la présence de ce sol fertile, ce n'est que l'activité de ce puissant et fécond milieu qui peuvent expliquer le niveau exceptionnel des œuvres individuelles, dont tout explorateur ne peut ne pas être vivement impressionné. Mais quelle que soit la valeur de ces travaux individuels, tout l'art décoratif russe de la période antérieure à Pierre le Grand doit être caractérisé en général comme un art populaire absolument anonyme. Il y a peu de noms d'artistes qui soient connus. L'ancien artiste russe était loin d'éprouver le désir de produire son nom, de signer son œuvre.

Ce n'est qu'au XVII siècle que les individualités des artistes commencent à se dégager du milieu général. Les réformes de Pierre le Grand qui vire

vers l'Ouest, qui introduit les mœurs et les goûts de l'Europe, désordonnent
cette lente cristallisation de l'individualité artistique. Mais le goût pour
l'art décoratif est indéracinable dans le peuple russe. Les classes supérieures de la société ont beau créer un art nouveau, un art essentiellement
européen — les masses populaires gardent intact leur goût artistique d'autrefois. L'art populaire — les artistes du peuple, connus sous le nom collectif
de «coustars» russes, non seulement continuent de garder, mais s'ingénient
à développer l'ancienne tradition décorative.

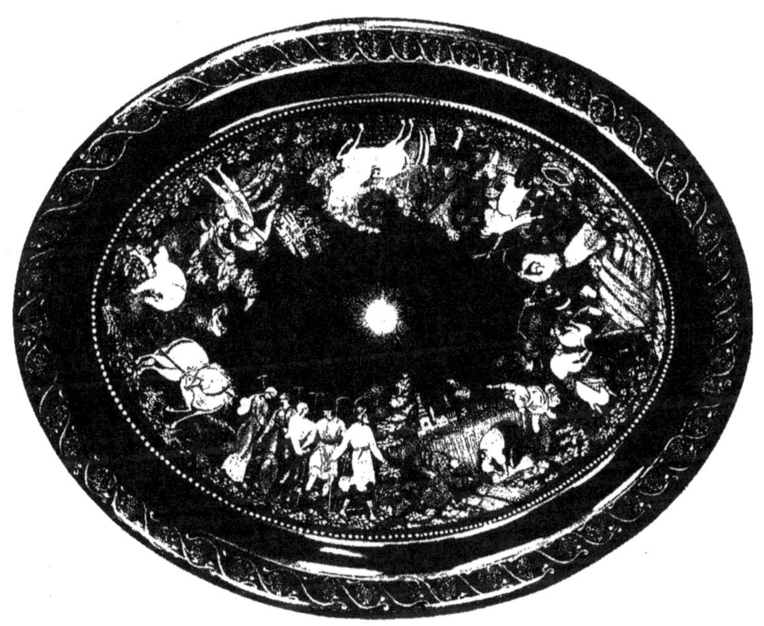

„Les travaux d'été" — plateau en laque peinte, travail d'un „coustar" de Palekh.

Lorsque la ville russe, imitant aveuglement la mode européenne, s'est
détournée de l'art décoratif d'autrefois — cet art n'en a pas péri, il a subsisté
chez le peuple. Un temps plus favorable est advenu et l'étincelle qui a
couvé sous le cendre s'est rallumée. Le feu de la passion russe pour
l'élément décoratif s'est rallumé dans l'art précieux et étonnant de finesse
des miniatures de genre peintes sur des boîtes en laque (création nouvelle
qu'on peut voir dans les vitrines de l'Exposition — Section de l'U. R. S. S.) —
travaux des ci-devant peintres d'icones — paysans du village Palekh.
Voici encore les peintures originales sur plateaux dits des «traktyrs»

(auberges), et la sculpture en ivoire due au burin du fournisseur séculaire —
le Nord de la Russie, etc. C'est l'haleine de ce même élément qu'on sent dans
l'organisation des fêtes révolutionnaires de la Russie Soviétique, dans l'ornementation des places publiques et des rues, dans les placards immenses et dans
les innombrables drapeaux qui flottent dans les cortèges et processions.

L'époque de la Révolution, ayant mis à l'ordre du jour la création d'un
nouvel ordre de vie, a proclamé en même temps le principe de l'art adapté
aux besoins pratiques, elle a invité au travail des fabriques l'ouvrier en même
temps que l'artiste. C'est alors qu'a retenti l'appel d'ennoblir par l'art, de
perfectionner par les moyens esthétiques la fabrication des objets les plus
ordinaires et utilitaires, de démontrer et d'organiser ce qu'ils ont de beau,
de créer un nouveau genre de beauté — la beauté de la correspondance
parfaite de l'objet avec sa destination, d'exclure toute banalité et de créer
la nouvelle beauté en la purifiant pour ainsi dire dans le feu de l'art vrai.
Ces appels n'ont eu rien d'étrange pour l'esprit russe. En effet, il n'était
question que de ce qui avait déjà existé avant Pierre le Grand et ce qui
ne fut détruit que pendant la période impériale. Le Russe porte toujours
en lui la tendance irrésistible d'unir l'élément décoratif à l'industrie pratique.
C'est cette tendance qui caractérise le mieux l'art décoratif russe, c'est
l'exigence la plus nette du goût russe. C'est pourquoi rien n'a été plus
aisé pour la Russie que d'adapter la théorie de l'art industriel nouveau.
Non seulement les administrations des entreprises industrielles ont répondu
à cet appel, mais encore les artistes peintres l'on fait aussi, ainsi que les
musées russes de l'art décoratif qui organisent en ce moment leur exposition sur le principe de l'adaptation de l'art aux besoins pratiques.

Les premiers pas de l'industrie artistique russe qui renaît sur cette voie
nouvelle vont prouver avec évidence ce qu'ont peut attendre de l'alliance
de l'artiste avec l'ouvrier. Il n'en pouvait pas être autrement. L'appel
adressé à l'art dans l'intention de l'adapter aux exigences de la vie ne
pourrait rester stérile dans un pays d'art décoratif comme la Russie. Il l'a
toujours été d'autant plus que cet art a toujours aspiré à perfectionner les
conditions de la vie, c'est ce même désir qui anime les créateurs de la
Russie nouvelle, ainsi que les meilleurs des artistes de l'art décoratif moderne.

Victor Nicolsky.

Deux assiettes oukraïniennes modernes (manufacture de „Méjigorié").

L'ÉLÉMENT NATIONAL DANS L'ART DE L'U. R. S. S.

Il y a dans la vie artistique de chaque pays deux forces contraires qui luttent entre elles. La première, c'est la tradition purement populaire et locale qui porte en elle toute l'originalité de telle ou telle partie de l'humanité; c'est ce qui distingue un peuple d'un autre. La seconde, ce sont les goûts de la capitale, les goûts de la métropole qui se règlent de plus en plus sur l'échelle cosmopolite. Autant que la capitale s'élève au-dessus du pays, autant la victoire de cette seconde force sur la première devient plus rapide, autant les normes cosmopolites prennent plus rapidement le dessus dans la vie de l'art.

Cela s'entend de soi-même que l'internationalisme, la création d'une civilisation générale de l'humanité entière, est notre idéal, le but de la partie révolutionnaire de l'humanité qui aspire à mettre une fin aux différends et aux préjugés nationaux toujours chargés de l'étincelle de guerre. Mais ce serait une caricature du communisme que de s'imaginer l'avenir que nous espérons sous la forme d'un troupeau d'hommes vêtus et vivant de la même manière. L'internationalisme ne saurait nullement signifier le triomphe du cliché cosmopolite sur le génie local («genius loci») qui recèle toujours un principe créateur provoqué par les possibilités particulières à chaque pays.

Nous voyons en effet qu'avec l'hypertrophie de la civilisation urbaine l'art
perd sa fraîcheur populaire, pareil à un arbre dont la cime serait réguliè-
rement taillée par un jardinier, mais dont les racines ne trouveraient plus
de sève dans le sol.

C'est précisément sur ces données que dès la fin du XIX siècle
l'art européen et surtout l'art français ont inauguré une réaction contre la
monotonie académique en faisant surgir une aspiration ardente de revenir
aux sources, à l'art primitif et même archaïque. Il suffit de rappeler Gaugin
et son école qui ont ressuscité et réhabilité aux yeux des Parisiens la beauté
bretonne et celle du Taïti. Les idoles des Maoris, les assiettes bretonnes,
les images d'Epinal, les tissus du Maroc et de l'Alger, tout cela est entré
dans l'esthétique française contemporaine (Henri Matisse). Dans cette réaction contre le raffinement des goûts de la capitale, dans ces recherches
des sources rafraîchissantes et des moyens rajeunissants, l'art européen
cherche actuellement partout l'inspiration, tel un papillon butinant le miel,
soit chez les nègres d'Afrique, soit chez les sculpteurs du Mexique, soit enfin
chez les autres peuples à moitié oubliés des colonies.

Et néanmoins, dans toutes ces recherches, il bute partout contre le même
fait: la civilisation impérialiste contemporaine laisse sur le globe terrestre
de moins en moins de ces oasis de folklore, de ces îlots de création vierge.
La capitale nivelle la province; la métropole nivelle les colonies. Dans la
province une appréhension d'être en retard sur la mode se fait sentir,
l'appréhension propre à tous les Robert Macaire. Dans les colonies, non
seulement l'importation des articles des grands boulevards contribue à la
mort de l'art indigène, mais aussi l'activité négative de messieurs les
missionnaires et des maîtres des écoles impérialistes. Pour ce qui est des
négociants, il suffirait d'indiquer le mal causé à l'art magnifique des tapis
de l'Asie Centrale Russe par les couleurs bon marché à l'aniline vendues
par les commissionnaires allemands et français; quant à l'activité des missionnaires et des maîtres d'école, le lecteur français la connait par le journal
de Gaugin et par le roman de René Marand « Batouala ».

Sans doute la vieille Europe, la Grande-Bretagne surtout, est habile à
puiser les raretés et les curiosités d'art, provenant des lieux les plus éloignés
du globe terrestre, elle s'entend à les engouffrer dans les somptueux musées
de ses capitales, mais elle n'est pas capable d'entretenir sur le lieu le
développement vivant de ce pauvre art indigène soit en Afrique ou aux
Indes. Car la politique nationale de l'Europe, c'est une politique de nivel-
lation, une politique impérialiste.

La jeune Russie Soviétique se trouve sous ce rapport dans des conditions meilleures. Pour rajeunir elle n'a pas besoin de chercher son inspiration au fond des siècles ou en dehors d'elle-même, — elle possède chez

Plateaux en laque peints (travaux des « coustars »).

elle sa Polynésie vivante, son Afrique et son Mexique, son Orient polychrome. C'est cet art de création populaire primitive qui s'est conservé en Russie, pays paysan par excellence, à un degré beaucoup plus élevé que dans les pays de l'Occident à la civilisation industrielle. La variété des races et des nations fait de l'art de l'U. R. S. S. le bouquet le plus riche des fleurs les plus diverses dont chacune a sa couleur locale. Ce n'est pas pour rien que la Russie occupe la septième partie de la surface terrestre, compte jusqu'à 134 millions d'habitants et réunit des centaines de nationalités grandes et petites, en commençant par les Samoyèdes de l'Extrême Nord et en allant jusqu'au Turkmènes de l'Asie Centrale.

L'art de l'U. R. S. S. présente le tableau de la collaboration de diverses nationalités. Chaque peuple, chaque nationalité a sur ce clavier son propre son. De là l'étonnante variété de ses formes, ornementations, coloris, matériaux et techniques. Il embrasse toutes sortes de branches de production artistique: sculpture sur bois, sur os et sur pierre, niello, incrustation, filigrane et émail, dentelles, impressions de tissus, broderies et tapis, céramique et objets de métal. Il chatoie de toutes les couleurs de l'arc-en-ciel, de la gamme tendrement lyrique des tapis oukraïniens à la langoureuse volupté des châles de soie d'Azerbeidjan et à la palette rouge-pourpre des tapis de l'Asie Centrale. Il se joue de toute la diversité des ornementations, — fleurs, plantes, animaux, figures, objets, géométrie.

Voici l'Oukraïne avec ses merveilleux tapis-kilimes et sa céramique fantasque; la Crimée avec ses délicates broderies de soie et d'or; voici la République Tartare avec ses ouvrages de cuir et de joaillerie; le Caucase avec les tapis et palasses (tapis non veloutés), l'Azerbeidjan et le Daghestan avec ses soies imprimées et ses objets métalliques, l'Asie Centrale avec ses fameux tissus, tapis, broderies, où presque chaque peuplade a son propre dessin de tapis, sa propre « rose » (« gul ») géométrique; voici le Nord Russe avec sa délicate sculpture sur bois et sur os. Quelle infinie variété d'objets, de formes, de noms usités, de destinations pratiques, de termes techniques!

Et pourtant, dans toute cette variété, il y a quelque chose de général, de régulier, de conforme au but. Entre les arts des peuples de l'U. R. S. S. il existe une consonnance beaucoup plus grande qu'entre l'art de l'Angleterre, de l'Irlande et de l'Inde ou l'art de l'Autriche et de la Galicie à laquelle l'Autriche cherchait à imposer le « chic de Vienne ». Dans toute la culture artistique de la Russie il existe une tradition orientale commune.

Son industrie artistique est dictée par le grand sentiment décoratif commun aux peuples de l'U. R. S. S. C'est ce sentiment qui fait orner jusqu'aux moindres détails d'usage journalier dans la vie des travailleurs du peuple. Tout ce qu'on a sous la main, tout ce qui est donné par les

Couverture d'un livre tartare (Kasan).

conditions naturelles de la région, est utilisé dans ce but avec adresse et économie en commençant par la toile pour sacs, le feutre, l'écorce de bouleau, les défenses de morses, les peaux, les fourrures, les oiseaux empaillés et en finissant par la soie, la laine, l'or et le brocart. Cette liaison de l'art de l'U. R. S. S. avec la vie journalière lui donne une utilitarité originale. Nous avons là un art créé par un peuple d'agriculteurs, de nomades, de chasseurs ou de pêcheurs pour lui-même, et qui à cause de cela répond à ses besoins, que ce soient les bottes brodées — «itchégui» des Tartares de Kazan, les «plakhty» multicolores des femmes oukraïniennes (morceaux carrés de tissus servant de jupes), les besaces des Caucasiens ou les tapis des nomades de l'Asie Centrale. Les magnifiques tapis orientaux qui étaient en Perse un art de la cour et de l'aristocratie sont dans l'Asie Centrale un art purement populaire, créé par les femmes-tisseuses pour leur «kibitka» (charriot servant de maison), pour leur tente-maison nomade. C'est pourquoi ils sont plus naïfs, plus primitifs et parlent davantage au goût moderne que les tapis précieux de Perse.

L'art de l'U. R. S. S., c'est un art sorti de la masse populaire de diverses nationalités, et c'est cette double origine populaire et nationale qui lui donne sa couleur fraîche et primitive. Les sentiments élémentaires et en conséquence profonds qu'il recèle sont exprimés en une langue savoureuse et bien rythmée. C'est la rêverie et l'humeur de l'Oukraïne, l'héroïque austérité des montagnes du Caucase, la passion du Nord pour la nature et pour le monde animal, la musicalité lente de l'Asie Centrale.

Quelle est la situation actuelle de cette culture artistique de l'U. R. S. S. héritée du passé? Quelles sont ses perspectives? Nous sommes sûrs qu'elles sont infiniment plus favorables que sous l'ancien régime. Cette ancienne Russie non seulement ne donnait rien pour le développement de l'élément national de l'art, mais, au contraire, elle faisait tout son possible pour l'étouffer. Le régime tsariste poursuivait toutes les nations ne faisant peut-être d'exception que pour une seule: la nation russe; sa politique était celle d'une russification par violence. Prison de peuples, voilà le nom juste de cet empire russe écroulé. Et néanmoins, la population des travailleurs est parvenue à garder saine et sauve sa force de création au milieu de toutes les entraves de l'ancien régime, jusqu'au moment où éclata l'orage rafraîchissant de la Révolution d'Octobre.

Je dis «l'orage rafraîchissant» parce que c'est précisément la Révolution d'Octobre qui a proclamé pour la première fois la fraternité et l'égalité des peuples sans les diviser en peuples supérieurs et inférieurs en interdisant le terme même d'«indigènes».

C'est elle qui la première a donné à tous les peuples habitant l'ancien empire russe le droit de s'ordonner un gouvernement à eux, avec leur

Tapis de feutre, travail de Crimée (production de l'an 1925).

langue et leur école. C'est elle encore qui a décrété le développement libre de la civilisation des minorités nationales et des groupes ethnographiques ne possédant même pas un territoire défini. Il suffit de dire que même des nationalités telles que les Bachkirs, les Bouriates, les Tchouktches, que l'on considérait jadis comme une sorte de barbares, ont reçu leur propre gouvernement national; il suffit d'indiquer qu'au Caucase seul une quantité de peuples dont on ignorait jusqu'à l'existence ont formé des unités nationales. Mais ce qui importe surtout, c'est la politique nationale de l'U. R. S. S. en Orient, où l'ancienne Russie était le premier despote et où maintenant elle est l'ami et le guide. Une nouvelle délimitation politique des nations de l'Asie Centrale vient d'être achevée, délimitation ayant pour conséquence la formation de deux nouvelles Républiques Soviétiques: celle des Ouzbeks et celle des Turkmènes.

C'est ainsi que l'U. R. S. S. s'est formée, l'union libre de ces mêmes nations qui sous l'ancien régime, inspirées par ses provocations, s'entreégorgeaient et qui maintenant travaillent paisiblement à un commun développement culturel. C'est ainsi que l'ancienne politique de violence nationale a été remplacée en Russie par la politique nationale la plus libre du monde, une politique large de décentralisation. Dans ce sens l'U. R. S. S. n'a rien de commun avec l'union mécanique des parties composant l'Empire Britannique, ou avec cette permanente lutte intestine de nationalités qui, il n'y a pas longtemps encore, caractérisait l'Autriche-Hongrie.

Au même degré auquel l'ancien gouvernement russe était intéressé à l'ignorance de ses sujets, le pouvoir actuel est intéressé à l'épanouissement culturel des nationalités. Les moins développées d'entre elles ont reçu pour la première fois de ses mains leurs alphabets, leurs vocabulaires, leurs manuels (par exemple les Mordwa, les Ostiaks, les Cabardiniens, les Kalmoucks etc.). Sous l'ancien régime l'ethnographie même était sous l'inspection de la police, comme science dangereuse, tandis que maintenant partout, au centre et sur les confins, nous voyons cette science croître et devenir familière à tous les intellectuels de chaque nation de l'U. R. S. S.

C'est bien, dira le lecteur, mais l'art des nationalités n'est-il pas destiné à mourir dans les conditions de la Russie nouvelle? Non, et dans ce sens, l'U. R. S. S. fait des efforts, pour le moment encore lents, pour conserver et pour développer les dons de création artistique propres à la population, ainsi que ses métiers nationaux et populaires. Les artistes populaires de l'U. R. S. S. — sculpteurs, potiers, tapissières, brodeuses, etc. — ont absolument conservé leurs pratiques et leurs traditions d'art. Par quelque miracle, malgré les années pénibles de guerre, de ruine, de famine, et surtout malgré le blocus étranger, l'industrie artistique populaire de l'U. R. S. S. est vivante. Il ne lui manque qu'un marché pour son écoulement et quelques matériaux.

Dans le but du développement des métiers locaux le pouvoir soviétique organise dans les limites de ses moyens des écoles d'art industriel et des écoles-technicums. Ainsi, dans l'ancienne Bakhtchisaraï existe une école pour les Tartares, à Bakou il y a en a une pour la population turque, dans la lointaine Askhabad, en Asie Centrale, les jeunes Turkmènes font des études de leur art ornemental ancien.

Mais la civilisation ne peut et ne doit pas s'arrêter à quelque degré que ça soit, il est évident que la révolution politique doit être suivie par une évolution des mœurs et de l'art. L'adhésion à l'ordre soviétique des peuples restés en retard, la soif extraordinaire du savoir qui les anime, vont peu à peu faire disparaître de la vie de ces peuples les préjugés religieux, les coutumes fanatiques et les mœurs ignorantes qui se faisaient sentir le plus péniblement sur la situation des femmes.

Nous assistons déjà au phénomène intéressant de l'ordre de vie nouveau germant dans l'ancien. Un Orient nouveau paraît, peut-être moins exotique, moins sensuel et moins mystérieux que celui de Bakst et de Roerich, ou l'Orient du ballet russe, — mais aussi plus conscient et plus civique. Les tapis qui servaient auparavant aux nécessités domestiques et religieuses figurent de plus en plus dans les villes de l'Asie Centrale et du Caucase comme élément décoratif dans les fêtes publiques. Et la femme musulmane cesse de voiler hermétiquement le visage de la tchadra (châle), elle la porte maintenant comme mouchoir de tête. Et si même cette femme émancipée de l'Orient ne voudrait plus passer des ans et des mois à tisser un tapis, cela ne serait pas à craindre. A son aide viendront les instruments d'une technique perfectionnée que nous devons lui donner: ils doivent aussi baisser le prix de revient.

L'ordre nouveau de la vie ne tuera pas le don ancien du peuple pour la production d'art, il ne fera que changer son cours. Nous avons déjà vu que l'art de l'U. R. S. S. était toujours élastique et conforme au but, il correspondait toujours à la matière et aux nécessités données. Dans l'avenir, il trouvera toujours assez de force vitale pour répondre aux nouveaux besoins, aux nouvelles formes de la vie.

Nous pouvons noter encore que l'art des nationalités de l'U. R. S. S., tout en conservant son ancienne tradition, commence déjà à germer d'impressions nouvelles, de nouveaux motifs, de nouveaux thèmes. Ce mouvement n'est pas dû à quelque ordre, il est tout à fait naturel et organique comme autrefois la transformation de l'art antique en art chrétien. Nous voyons un peu partout cette transformation qui s'effectue sous l'influence de la Révolution: et dans l'art des peintres grands-russiens d'icones qui remplacent les sujets religieux par des images de l'Armée Rouge, et dans les enluminures de la vaisselle oukraïnienne (Mejigorié), et même dans la sculpture sur os des «koustars» du Nord qui produisent des jeux d'échecs nommés «Guerre des blancs et des rouges» ou des porte-cigares et des pipes avec la faucille et le marteau.

Cette faucille et ce marteau, symboles soviétiques de l'union de la ville et du village, deviennent ainsi les symboles de l'œuvre fraternelle des peuples de l'U. R. S. S., symboles qui remplacent cet aigle bicéphale qui ne faisait qu'arracher la chair à droite et à gauche.

J. Tugendhold.

L'ART PAYSAN ET LA PETITE INDUSTRIE À DOMICILE.

L'art paysan a été la source de la petite industrie à domicile. Créé par la collectivité, l'art paysan a toujours été un art absolument utilitaire ne visant qu'à l'ornementation des objets d'usage. La technique de cet art, liée d'une manière particulièrement étroite avec la matière, s'est manifestée dans des formes extrêmement conformes au but de servir aux besoins de la vie de la population paysanne. S'étant réunis à l'industrie et étant devenus une branche à part de la petite industrie à domicile, les métiers d'art se sont mis non seulement à travailler pour la ville, mais encore, après quelques expositions à l'étranger, ils ont rapidement conquis le marché occidental et sont devenus une partie considérable de l'exportation russe.

La variété et la richesse des métiers artistiques de la petite industrie à domicile ont depuis longtemps attiré une attention tout exceptionnelle de la part des beaux-arts, des sciences historiques et même de l'économie politique. Les délicates et capricieuses broderies en fils divers sur fond de soie, le plus souvent teintes d'une couleur végétale extrêmement durable, les broderies d'or en relief exécutées dans une technique de premier ordre, les ouvrages en cuir, de nombreux genres de broderie en guipure et à jour etc., les dentelles les plus fines aux dessins innombrables peuvent souvent rivaliser aisément avec les meilleurs spécimens de l'Europe Occidentale,

34

les tissus et les tapisseries enfin déroulent un tableau grandiose de perfection artistique du travail paysan féminin. La production du Nord de la Russie montre un dessin plus précis tandis que les couleurs vives et la composition compliquée sont les attributs indispensables de l'Oukraïne et du Midi. Dans les travaux féminins de l'Extrême Midi et de l'Orient de l'U. R. S. S. on retrouve encore les traces mal expliquées des civilisations de l'Asie les plus anciennes.

Mais la branche principale de ces «petits métiers d'art», vu l'abondance du bois dans le pays, est celle des objets taillés dans du bois et des

„Mardi gras rustique"—boîte en laque peinte (trav. d'un „coustar" de Palekh).

objets de bois enluminés de couleurs: productions du travail masculin ayant une importance particulière comme article d'exportation. On peut aussi rattacher à cette branche les jouets, soit en bois, appartenant franchement au domaine de la sculpture, soit les jouets de toute autre matière. La forme primitive et le coloris brillant, propre à l'art paysan en général, donnent la première place parmi tous les autres jouets précisément au jouet russe, plus familier et plus cher aux enfants que les autres.

Une quantité énorme de modèles adaptés tantôt à l'usage pratique et tantôt visant à l'effet décoratif est présentée par la céramique des paysans russes.

Actuellement l'industrie des paysans garde encore une très grande importance à cause des liens qui unissent l'artisan avec la terre, avec le village, avec toutes les données positives qui en dérivent et qui, prises dans leur ensemble, sont la cause de la vitalité et de la vigueur propres à la petite industrie à domicile russe. Le nombre des travailleurs de cette petite industrie dans l'U. R. S. S. ne peut être exactement évalué, car ces métiers existent plus ou moins partout selon les « conditions et les besoins » de la vie courante, tantôt se développant, changeant de cadres, et tantôt s'arrêtant, écrasés par la lutte avec la grande industrie, mais au fond ils restent toujours vivants et ne font qu'attendre les conditions favorables pour se développer et pour mieux appliquer leur technique et la pratique acquise par des millions de mains. En général on peut dire que sur dix habitants d'un village russe un au moins est d'une manière ou d'une autre un artisan d'une spécialité quelconque de la petite industrie à domicile. C'est pourquoi cette petite industrie « koustare », quelque grande que soit son importance pour le pays, ne peut être calculée avec précision; mais le nombre général de ces artisans atteint certainement un chiffre considérable, surpassant de beaucoup celui des ouvriers de la grande industrie. Sans doute le nombre des paysans qui s'occupent spécialement de métiers d'art n'est comparativement pas grand.

Pourtant chaque village garde ses traditions et ses nombreuses et originales pratiques d'art. Tantôt ces pratiques entrent déjà dans le domaine de l'industrie organisée, tantôt ça n'a pas lieu, mais le village continue toujours à subvenir lui-même à ses besoins.

Un gain plus sûr et une organisation plus large de l'exportation vont donner sans doute au paysan la faculté de mieux exprimer son inspiration, vont sans doute porter à un degré plus élevé les moyens encore imparfaits de la manifestation de toutes les qualités artistiques et techniques de la production des paysans.

Un réseau des sociétés coopératives plus étendu et une organisation plus large d'associations ouvrières, vont assurer le développement futur de cette industrie colossale, vont faciliter l'adaptation des machines, ce qui est extrêmement secondé par l'électrification du village projetée. La proximité immédiate de telle ou telle région aux dépôts de matières premières nécessaires à la production est encore une condition importante pour former des centres d'activité. C'est ainsi que de nombreux centres des métiers du bois, de la céramique, du tissage, etc. se sont formés et continuent de se former encore.

Considérant la petite industrie d'art à domicile nous constatons qu'elle doit son origine à l'art des paysans qui décoraient les objets d'usage à une époque où la grande industrie des fabriques n'avait pas encore pris ses

Jouets et sculptures en bois — travaux des « coustars ».

formes définitives et où chaque artiste-koustar travaillait pour lui, pour son village, et tout au plus pour son canton. Plus tard, quand la ville a commencé à profiter des succès acquis par ces métiers du village et quand l'influence de l'intérêt nouveau pour les créations de l'art paysan a conduit certains artistes de la ville à contrefaire ces créations, le côté artistique de la production en a tant soit peu souffert. Dorénavant la production koustare était loin de parler son ancienne langue sincère, et s'efforçait de répondre aux goûts luxueux de la ville. Il faut noter encore que l'art paysan n'a pas seulement évoqué des imitations par les artistes-individualistes qui ont créé des modèles pour l'industrie des paysans et par les écoles professionnelles, mais encore cet art a été une source d'éternelle beauté et jeunesse pour l'art russe en général qui a subi son influence bienfaitrice. Cette influence de l'art populaire est évidente dans l'œuvre de Wasnetsoff, de Polienova, et en partie dans l'œuvre de Sieroff, de Korovine, de Gon-tcharova. La richesse de coloris de l'art paysan a eu une influence toute particulière sur l'art du théâtre et sur les décors de théâtre.

Aujourd'hui que les anciens objets avec leur ornementation surchargée sont sur le point de disparaître, tout naturellement l'authentique beauté du véritable art paysan se manifeste de plus en plus. C'est un art toujours étroitement lié à la matière première, un art riche en exemples de production admirablement adaptés à leur destination. Les pratiques collectivistes des nombreuses générations d'artisans ont facilité la solution nouvelle de beaucoup de problèmes artistiques et techniques.

Ainsi, comme cela a été déjà dit, les peintres des images saintes de la région de Palekh, du gouvernement de Wladimir, se sont servi de la technique de l'ancienne miniature pour représenter les nouveaux sujets soviétiques. La même voie a été suivie par les émailleurs de Rostoff. Les ouvrages niellés sur argent d'Oustug commencent aussi à changer et à s'inspirer de thèmes de la vie nouvelle. La sculpture sur bois se fait plus simple, perdant son trop de recherche, devenant par cela plus productive comme travail, plus abordable comme prix et encore plus précieuse au point de vue de l'art comme expression meilleure du sujet.

Dans le milieu des paysans-artistes des personnalités individuelles se font remarquer, ce sont des artistes capables de créer des modèles nouveaux, A. Tchouchkine, par exemple, du village de Bogorodskoïe et I. Voronkoff, du village de Kotkhovo, qui ont créé toute une école d'imitateurs, ce sont encore deux paysans oukraïniens Sobatschko et Pschetschenko qui sont les auteurs des compositions très originales pour les broderies et les tissus. Leurs ouvrages ont été exposés avec un grand succès durant les derniers mois aux expositions de l'art paysan Oukraïnien et Tartare à Berlin et à Dresde, en impressionnant le goût blasé des européens par la sève spontanée de l'invention. Les spécialistes de l'Europe Occidentale dans le domaine de l'art et de l'industrie ont constaté que les impressions de l'art paysan russe doivent avoir une influence marquée sur l'industrie de l'Europe Occidentale.

Une quantité d'objets qui ont servi à des mœurs surannées ont perdu leur sens et sont remplacés par de nouveaux objets aux formes nouvelles. L'ancienne technique du travail manuel, unie à des procédés mécaniques, produit des résultats très intéressants qui sont la solution logique des grands problèmes restés jusqu'à présent sans solution. Il est évident que le travail exclusivement manuel continuera de produire dans beaucoup de cas des objets supérieurs comme qualité exceptionnelle, mais les ouvrages en masse et les marchandises «standartisées» posent déjà devant les ouvriers des problèmes de l'organisation régulière de la différenciation du travail. La solution de ces problèmes ne tardera pas à jeter dans l'avenir un pont entre la petite industrie à domicile du village et la grande industrie de la ville, tout en gardant au paysan-artiste la liberté entière de manifestation.

Plus se préciseront les formes et le coloris de l'art paysan et plus sera manifesté son caractère original, autant que diminuera l'influence de l'artiste-individualiste de la ville,—autant augmentera la qualité artistique du travail des paysans, ce qui le fera d'autant plus apprécier par l'Europe Occidentale.

Pénétré de haut en bas par le bon sens et par la logique de la production, l'art paysan a tracé les lois et les voies de son développement artistique. Jusqu'à présent elles ont été loin d'être étudiées, soit par les savants, soit par les artistes. Cependant, ce sont précisément les voies de l'art paysan qui aboutiront à créer l'art décoratif de la nouvelle Russie.

N. Bartram.

Poupées représentants les nations de l'U. R. S. S.

L. P o p o v a. Dessin pour tissu imprimé.

L'ARTISTE ET L'INDUSTRIE.

1.

Il y a beau temps que l'artiste n'est plus le modeleur de la vie. C'est à la constation de ce fait, fait assez triste, que le temps moderne est venu après avoir définitivement séparé deux domaines inégaux du génie créateur: l'un d'eux, le domaine de la création de toutes les formes matérielles entourant l'homme, a été livré à la domination sans partage de son nouveau seigneur, la machine, l'autre a été laissé à l'artiste: un territoire montagneux, étroit, et par trop isolé, du «génie créateur pur», une contrée solitaire des formes d'art qui, hélas, ne sont pas transformées en formes matérielles de la réalité.

La désagrégation de l'art qui jadis a été un (nous entendons surtout l'art représentatif) en art «p u r» et en art appliqué s'est traduite par l'existence séparée de deux systèmes d'art différents: l'art dans le sens propre du mot, d'une part, et l'industrie artistique de l'autre. Leurs voies se sont séparées en s'éloignant de plus en plus. La maîtresse hautaine des ateliers, des musées et des galeries a considéré comme «art de deuxième ordre» sa propre sœur née à la fabrique et habitant le marché; l'art re-présentatif,—la peinture de chevalet et la sculpture,—s'est ainsi séparé de l'art industriel, de la production des objets d'usage, des choses servant à la vie de tous les jours. Et ce dernier s'est mis à vivre de sa propre vie, obéissant à ses propres lois de développement et créant son esthétique à lui, ses méthodes, ses formes et ses styles.

Notre époque critique a dénué une quantité de contradictions et d'impas-ses de la civilisation contemporaine. Dans le feu de la Révolution, ces

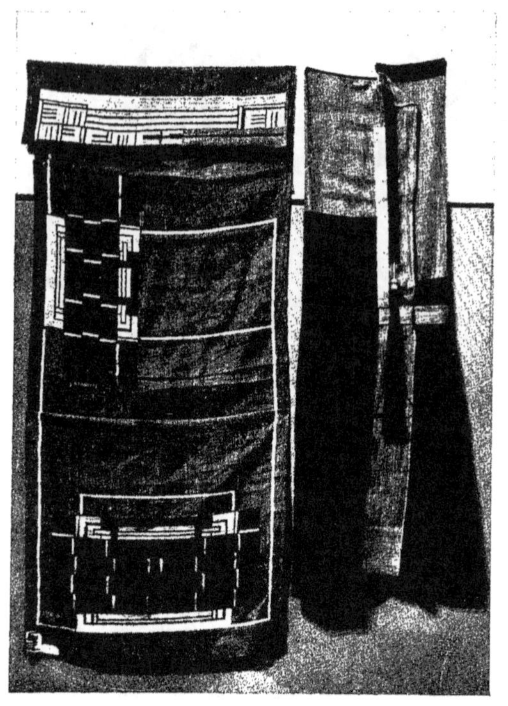

Modèles nouveaux pour robes de femme par Davidova.

contradictions sont devenues encore plus évidentes. De toute une série de problèmes de civilisation artistique qui ont surgi devant nous sous un jour nouveau, dans l'aspect des grands ébranlements de notre époque, l'un des plus aigus a été ce problème de la corrélation de l'art et de l'industrie, de la création des formes de l'art et des formes de la vie.

Dans le passé lointain l'art avait une part active à la création des formes de la civilisation matérielle, la vie éprouvait absolument l'influence de l'artiste. Au lieu de Cellini nous avons actuellement Bakst, fournissant des modèles aux tailleurs de Paris. Ce sont encore les paradoxes de Wilde sur les « brouillards de Londres enfantés par les tableaux de Turner » qui peut être nous amusent. L'art suit sa marche, et c'est indépendamment de lui, sans son concours, que sont créées toutes les formes plastiques qui nous entourent partout et toujours, dans notre chambre et dans la rue, dans les milieux d'affaires et dans les lieux de récréation, en voyage et à l'usine. La place de l'artiste, ancien transformateur et créateur des formes de la vie, est occupée par d'autres: par le technicien-constructeur, par l'ingénieur, — figures jadis étrangères à toute conception de civilisation artistique, — et derrière eux par l'usurpateur implacable, — la machine, envahissant un territoire qui semblait lui être défendu.

L'esthétique, si elle ne veut pas rester un système abstrait, pose en premier lieu ce problème effectif de la création artistique: la question des rapports entre l'art et l'industrie, entre les méthodes de la réalisation artistique et celles de l'industrie mécanique.

40

2.

Ces thèses, dont l'actualité ne
date d'ailleurs pas d'hier, ont attiré
plus particulièrement l'attention de
l'époque révolutionnaire en Russie.
Le réexamen des anciennes appré-
ciations et des idéologies d'art
a arraché les voiles de maint principe d'art ancien, en les présentant
sous un jour nouveau. Le mouvement des masses qui a submergé
le pays a obligé l'artiste de ressentir
la vie réelle avec plus d'intensité,
et son économie l'a forcé d'étudier
avec plus d'attention son nouveau
« consommateur », qui n'était plus
limité par le cercle étroit des ama-
teurs et des mécènes. Un penchant
instinctif et infiniment puissant à
participer à la construction des
nouvelles formes de la vie (et non
seulement des formes esthétiques)
s'est emparé de l'artiste. Et cela

Drapeau du „Proletcult".

a été le trait le plus saillant de la vie sociale de l'art. Ce dernier a
de nouveau apparu devant l'artiste revêtu de son ancien sens de force
qui transforme la vie et ne se borne pas à l'orner. Ce profond mouvement
d'art s'est exprimé d'abord par la sortie démonstrative de l'artiste « dans
la rue ». Nous avons vu pendant les premières années de la Révolution
des lignées de peintres, de sculpteurs et d'architectes consacrer leurs
forces à l'élaboration artistique des fêtes populaires, à la décoration des
places publiques et des rues, aux projets d'édifices publics de nouveau type.

Ce premier mode de démonstration des nouvelles énergies socialo-
artistiques a cédé le pas à d'autres courants plus profonds: la tendance de
l'artiste vers l'industrie, vers la participation organique à la fabrication de
l'entourage matériel de l'homme.

Il est aisé de comprendre quelles difficultés énormes ont été rencontrées
par ce courant; le rêve de l'artiste de se lier plus étroitement avec la fabrique et de subordonner la fabrication à l'influence de l'art s'est heurté
aux lois de l'industrie, aux exigences de la technique mécanique et de
sa méthodologie, si différente de la méthodologie artistique. Mais les

artistes qui déjà travaillent dans l'industrie, les artistes du soi-disant art
appliqué ? Ils ont été obligés, eux aussi, de même que les artistes du
grand art, a réexaminer les principes de leur travail, car le premier principe
de la nouvelle idéologie artistique a été de ne point orner la production
industrielle par les procédés d'application des éléments du grand art, mais
de prendre une part organique dans la fabrication elle-même, en empreignant

L. P o p o v a. Affiche pour un spectacle du Théâtre Meyerhold.

de principes d'art la méthodologie de l'industrie mécanique. La lutte contre
« l'appliquage », comme un système anti-artistique, est devenu ainsi un des
traits caractéristiques de la nouvelle conception du monde au point de vue
artistique et industriel.

Comme nous l'avons dit, les artistes se sont tournés vers l'industrie.
Le rêve orgueilleux de subordonner l'industrie à l'influence de l'art a inspiré
ces nouveaux romantiques de la machine qui étaient condamnés à ne rester
sous beaucoup de rapports que des romantiques : car, affrontés avec le

mystérieux ami-adversaire, ils ont dû éprouver d'une façon particulièrement poignante l'impression de la profondeur de l'éloignement séculaire qui les séparait de l'industrie: armés d'outils démodés, dans des armures du moyen-âge, dans quelle perplexité ces chevaliers du pinceau et du ciseau ont dû se trouver devant le constructivisme de la technique moderne, devant les lois d'acier de la normalisation et de la standartisation, devant cette langue implacable de la machine, si étrangère à celle de l'art!

La question des nouveaux principes de l'instruction artistique s'est posée d'elle-même; remplacer l'ancien enseignement artistico-industriel qui ne for-

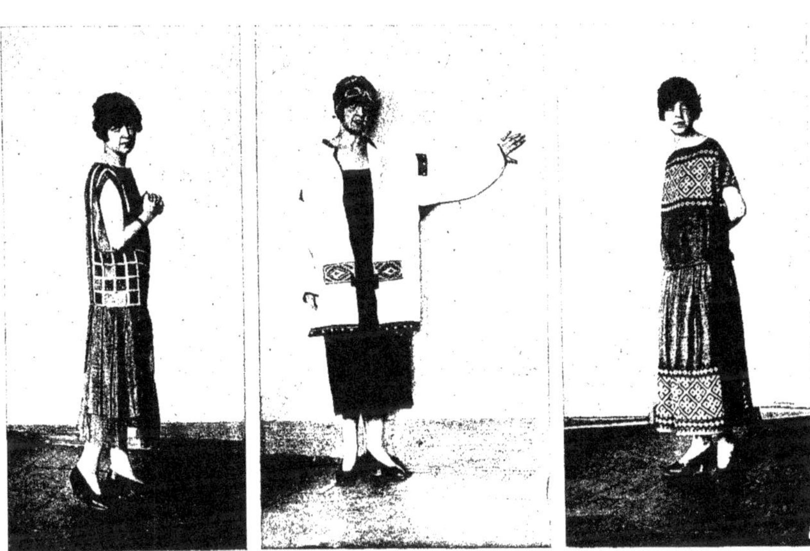

Modèles nouveaux pour robes de femme de l'atelier Lamanoff.

mait que des «décorateurs», artistes d'art «appliqué», par un système d'instruction qui unirait les connaissances techniques avec le savoir de l'artiste, — voilà ce qui devint un des principaux problèmes de la nouvelle civilisation artistique. A réformer l'instruction d'art industriel, à réorganiser tout le système de l'enseignement et de ses méthodes, c'est à ça que tendent tous les efforts de la nouvelle pensée artistique de la Russie pendant ces dernières années. Ces efforts forment un nouveau type d'artiste, auquel les méthodes de l'industrie mécanique ne semblent pas étrangères, ni hostiles, pour lequel la langue des formules techniques n'est plus un idiome incompréhensible.

C'est de ce côté que sont dirigées les recherches de la nouvelle école
d'art, appelée à unir l'instruction technique avec l'instruction artistique proprement dite, appelée à donner à l'industrie un nouvel artiste, qui ne soit
ni serviteur, ni fournisseur, mais qui soit un participant compétent de la
production.

3.

S'ensuit-il de ce qui vient d'être dit que cette tendance de l'artiste vers
l'industrie est restée en réalité bornée aux conceptions idéologiques et aux
réformes scolaires? Il faut se souvenir avant tout des conditions générales
de la vie industrielle du pays durant ces années mémorables: la désorgani-
sation de l'industrie pendant l'époque de la guerre civile ne donnait en
général aucune possibilité de parler de nouvelles expériences dans le
domaine de la production artistique; il fallait forcément se borner plutôt
aux expériences du laboratoire; et cependant, malgré toutes les conditions
défavorables, nous avons une série de succès intéressants résultant de la
participation de l'artiste à l'industrie.

L'orientation sur l'absorption en masse, sur la demande en gros est déjà
un indice important de rénovation de l'art. Naguère, William Morris a été
aussi un héraut de la participation de l'artiste à l'industrie. Mais son appel
était entièrement adressé au passé: en introduisant les anciens procédés du
métier artistique, le rêveur anglais avait le dessein de résister à la machine,
de lutter contre son invasion; idéologue du travail à la main, il ignorait la
conception de la production et de l'absorption en masse, — c'est pourquoi
Morris, malgré ses recherches passionnées d'un art qui puisse transformer la
vie, a été condamné à ne rester qu'un auteur d'un courant uniquement esthétique,
d'une expérience exclusivement individuelle. La tendance moderne de
l'artiste vers l'industrie traite le thème de Morris d'une toute autre manière, au
point de vue de la production mécanique et non manuelle, et par conséquence,
au point de vue du travail pour la demande en gros.

Ce changement, si même pour le moment il n'est à peu près que
psychologique, est pourtant de la plus grande importance pour tout l'avenir
de la civilisation artistique. Le plus isolé et le plus individuel des arts,
l'art représentatif, quitte ses limites d'existence solitaire dans l'atelier et
dans le musée et cherche à entrer dans l'usage journalier des grandes
masses populaires. Se rendant compte qu'un pareil élargissement de la
sphère d'action de l'art représentatif est plutôt la tâche de l'artiste futur, du
type nouveau de l'artiste-technicien, — l'artiste moderne n'a pas perdu courage,
il a tenté de trouver sa place, ne fût-ce que limitée, dans l'industrie contemporaine. Nous voyons en effet qu'une lignée de représentants du grand
art, une lignée de jeunes artistes russes, se sont adonnés au travail dans

Grand châle (production du Camvolny Trust).

l'industrie. Et cette tendance au matériel, à la réalité, qu'on observe dans la peinture russe moderne est, à son tour, dans le domaine du grand art, la conséquence de ce penchant général de l'art vers l'industrie.

En Russie, la solution de la question proposée par Morris a été particulièrement séduisante; car en Russie le travail à la main est pratiqué

„L'anniversaire de la Révolution de l'an 1917" — châle de tissu imprimé.

avec une richesse d'application et une variété exclusives, tandis que l'industrie de fabrique est relativement peu développée en comparaison avec celle de l'Europe Occidentale. Et quand même, l'artiste de la Russie nouvelle est entré dans la voie de cette dernière, et le peu qu'il a réussi à fournir pendant ces années difficiles est tout-à-fait digne d'attention.

Porcelaine de la Manufacture d'État (dessins nouveaux).

LA NOUVELLE PORCELAINE RUSSE.

La Grande Révolution Française a exercé une influence particulièrement marquée sur la céramique française. Non seulement elle a donné aux simples assiettes de faïence ces sujets si vivants et si frais qui constituent une chronique jour par jour des événements de l'époque et qui vont si aisément de la caricature à l'apologie, des détails de genre modestes aux grandes allégories dogmatiques, du sarcasme le plus mordant à l'enthousiasme le plus héroïque — la Révolution Française a encore influé sur la technique même du procédé, elle s'est créé son style à elle en produisant dans la céramique une touche particulièrement énergique et libre, une spontanéité du faire surprenante.

C'est aussi dans le domaine de la céramique que la Révolution Russe a peut-être trouvé sa première et sa meilleure incarnation artistique. Ce qui est tout-à-fait étonnant c'est que la céramique russe a commencé sa régénération dans des conditions qui semblaient exclure toute possibilité de création dans le domaine des beaux-arts. La guerre civile, l'épuisement de

48

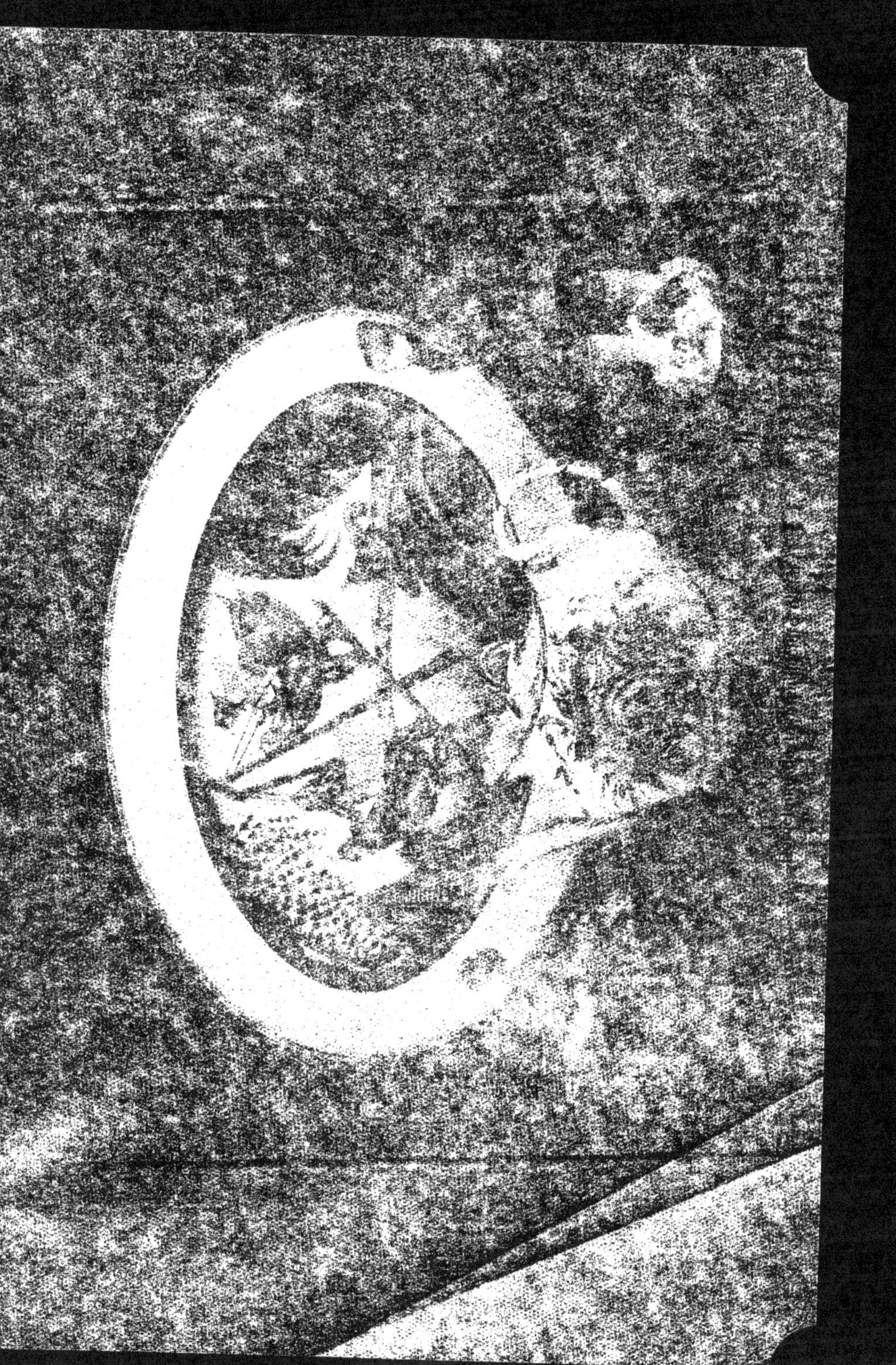

toutes les ressources, l'absence de communication avec le monde extérieur, la faim et le froid, la misère noire, la nécessité de lutter incessamment pour ne parvenir qu'à sauver l'existence physique, les conditions les plus dures enfin n'ont pas arrêté l'élan vers la création d'un art nouveau qui cherchait à se trouver une issue.

C'est sur le lieu même, c'est sous les flots mêmes des impressions nouvelles que toute une galerie de figures de porcelaine a été créée par les sculpteurs de la grande Manufacture Nationale de Léningrad. Cette galerie est une véritable chronique de la Révolution dans l'interprétation de l'art.

Porcelaine de la Manufacture d'État (d'après les dessins de Tschekhonine et d'Adamovitch).

Le matelot révolutionnaire le drapeau rouge à la main, tout vibrant d'action, l'ouvrier qui vient de bander son bras d'une écharpe rouge et de s'emparer d'une arme à feu, le soldat rouge de 1919 encore mal vêtu, plutôt emmitouflé qu'équipé mais empreint d'une énergie pathétique, tout ça a été pris sur le vif dans les figurines de la grande Manufacture. Une série d'autres figures complètent la galerie: une femme ouvrière chargée de surveiller l'ordre révolutionnaire dans la capitale (1920), les femmes du peuple travaillant à la confection d'un drapeau rouge, une ancienne bourgeoise livrant au marché les restes de son ancien luxe, les femmes de l'Orient se dévoilant le visage et ouvrant des yeux nouveaux aux impressions d'une vie nouvelle—toute une longue lignée d'images infiniment originales traduites en céramique d'après nature. Le modelé de quelques figures se ressent de l'audace et de l'entrain révolutionnaires. La décoration hésite quelquefois entre la tentation offert par la matière même de la porcelaine de rendre les détails avec un soin méticuleux et le besoin des effets plus larges et en même temps plus violents.

Tantôt poussant bien avant dans ce monde nouveau, tantôt reculant, la nouvelle céramique russe a été l'interprète fidèle des nouveaux goûts mis à l'ordre du jour par la poussée de la nouvelle classe dirigeante.

Les produits céramiques ont éprouvé pour ainsi dire une révolution analogue à celle de l'ordre social. La surface unie des plats est disloquée, violentée et rompue par les éléments nouveaux de décoration qui aspirent à une harmonie particulière dans un semblant de discorde. C'est l'art décoratif de la Révolution Russe qui s'est frayé sa voie dans la porcelaine de la Manufacture de l'État. Les devises révolutionnaires, les portraits des grands chefs de la Révolution sont d'autant plus caractéristiques comme motifs de décoration.

Dans la recherche d'un art nouveau un procédé particulièrement intéressant a été cultivé dans les travaux de la Manufacture Nationale de Léningrad sous la direction de l'éminent artiste Tschekhonine. C'est l'adaptation à la céramique des procédés purement graphiques. Ce sont des silhouettes noires exécutées avec la plus grande finesse, ce sont des vignettes en noir qui semblent avoir quitté les pages d'un livre d'art pour se placer sur une assiette de porcelaine, etc. L'époque moderne étant tout particulièrement portée vers l'art graphique, l'adaptation de ce principe a donné des produits très caractéristiques.

La céramique russe moderne semble être en possession d'une abondance singulière de forces. Elle est féconde en idées et cherche de nouveaux succès. Une tendance vers l'art populaire des paysans, vers un genre de bariolage primitif mais impressionnant se manifeste parfois. Puis c'est une certaine imitation des anciennes porcelaines russes à bon marché avec l'inattendu et la désinvolture de leurs effets décoratifs.

Le théâtre est appelé à tenir une place d'honneur dans l'ordre de vie moderne. C'est le repos mérité après la besogne du jour accomplie, c'est un champ vaste et fécond pour la démonstration des idées nouvelles. La porcelaine russe a payé son tribut au théâtre. Les danseurs et les danseuses russes ont inspiré des figures de porcelaine aux lignes particulièrement souples et onduleuses.

Parmi les récréations qui ont toujours été le plus en faveur en Russie se trouve le jeu d'échecs, provenant de l'Orient avec lequel la Russie a toujours montré tant d'affinités. La Manufacture Nationale de porcelaine a reproduit un jeu d'échecs composé par N. Danko — une artiste-sculpteur, pour ainsi dire créée par la Révolution et particulièrement douée par en traduire le style. Ce jeu d'échecs est peut-être son œuvre la plus accomplie. Il est vrai que certains motifs sont plus ou moins empruntés, mais néanmoins la caractéristique variée des différentes lignes, le souffle de vie qui les anime en font une des œuvres les plus sentes et les plus nouvelles de la grande Manufacture de Léningrad.

Bientôt un nouveau genre de décoration se manifeste de plus en plus, surtout sur les assiettes révolutionnaires. C'est un style nouveau, un style de combat, le style de l'avenir. Il paraît que ce style répond à une aspiration profonde de changer l'ornementation habituelle. Jusqu'à présent on a surtout puisé les motifs de décoration dans le monde végétal. On en a même abusé. Les feuilles d'acanthe ont été répétées tant de fois qu'elles en ont presque perdu leur sens, d'autant plus que la plupart des artistes qui les ont dessinées n'ont jamais eu l'occasion de les voir de leurs propres yeux, et la plupart des gens auxquels ces motifs sont adressés ont encore moins de chance de faire une connaissance personnelle avec cette plante du Midi. Certes, les motifs végétaux possèdent un grand charme décoratif, mais notre époque n'est plus celle où la nature vierge entourait l'artiste, stimulant à tout instant son imagination par des motifs variés et abondants. Actuellement la nature est plus ou moins vaincue par le génie de l'homme, elle est limitée, de plus en plus resserrée. Non seulement la forêt, mais la campagne même cède de plus en plus le terrain à l'exploitation industrielle. Les gens d'aujourd'hui n'ont qu'une idée médiocre des merveilles de la nature, ils ne gardent plus dans leur cerveau les impressions multiples des feuilles et des fleurs, ils ne font qu'entrevoir un jour de fête une campagne plus ou moins civilisée et urbanisée. Leurs yeux sont rassasiés de toutes autres impressions: caractères imprimés, signes techniques et scientifiques, tracés, calculations, signaux, diagrammes, plans, cartes, notes de musique, sténographie, télégraphie, etc. La loi générale de l'ornementation étant de trouver un principe décoratif dans les impressions visuelles dont on est ordinairement hanté, il était tout naturel de chercher un nouveau système de décoration pour ainsi dire technique. Cette décoration doit être appropriée à l'imagination d'un ouvrier d'usine, d'un habitant de ville étranger aux motifs de la Grèce ancienne.

La céramique russe a cherché ardemment à résoudre ce problème de décoration. Tantôt c'est un plat («Le téléphoniste») où l'ornementation est inspirée par les fils du téléphone entortillés, tantôt ce sont les caractères typographiques qui s'imposent, puis ce sont les éléments des appareils mécaniques qui font le jeu de l'ornementation de la porcelaine, puis encore ce sont des feuilles de journaux qui s'éparpillent sur la surface de l'assiette moderne — ces feuilles de journaux qui sont par ainsi dire la nourriture mentale quotidienne de l'homme moderne, enfin ce sont des décors compliqués de fourneaux, de fabriques, de façades, un enchevêtrement de virgules, d'accents, de traits, de points, de cercles, etc.

Cependant, l'art nouveau de la porcelaine est loin d'être concentré uniquement dans l'ancienne capitale de la Russie. Bien au contraire, au cœur même de la Russie Soviétique, dans les anciens foyers de la fabrication nationale du gouvernement de Moscou les mêmes tendances se sont déclarées, un changement profond s'est opéré, un style nouveau s'affirme et triomphe. L'un des artistes qui a collaboré le plus à la propagation des nouvelles aspirations est le même Tschekhonine qui se trouvait avant à la tête de la Manufacture de Léningrad.

A ce qu'il paraît ce sont les premiers pas qui ont coûté le plus d'efforts, actuellement le mouvement ne fait que s'accentuer et se préciser.

Les fabriques céramiques sont actuellement réunies en Russie en un trust gigantesque. Loin de se faire concurrence elles sont animées par les mêmes principes sous une direction commune. Cet ordre nouveau doit singulièrement faciliter le progrès de la fabrication. La tâche première est de livrer aux masses populaires une marchandise de plus en plus empreinte d'art sans en élever le prix, en tâchant au contraire de l'abaisser. Une mécanisation adroite de la fabrication, les procédés techniques substitués à l'ancien travail manuel doivent aider à atteindre ce but. C'est cette tâche qui est poursuivie par la fabrique de Doulewo, dans le gouvernement de Moscou, l'une des premières du monde par les dimensions et l'appareillage, et par la fabrique ci-devant Gardner, bien connue dès le XVIII siècle par une production infiniment artistique.

Dm. Iwanoff.

Figures porcelaines pour jeu d'échecs, sculptures de N. Danko.

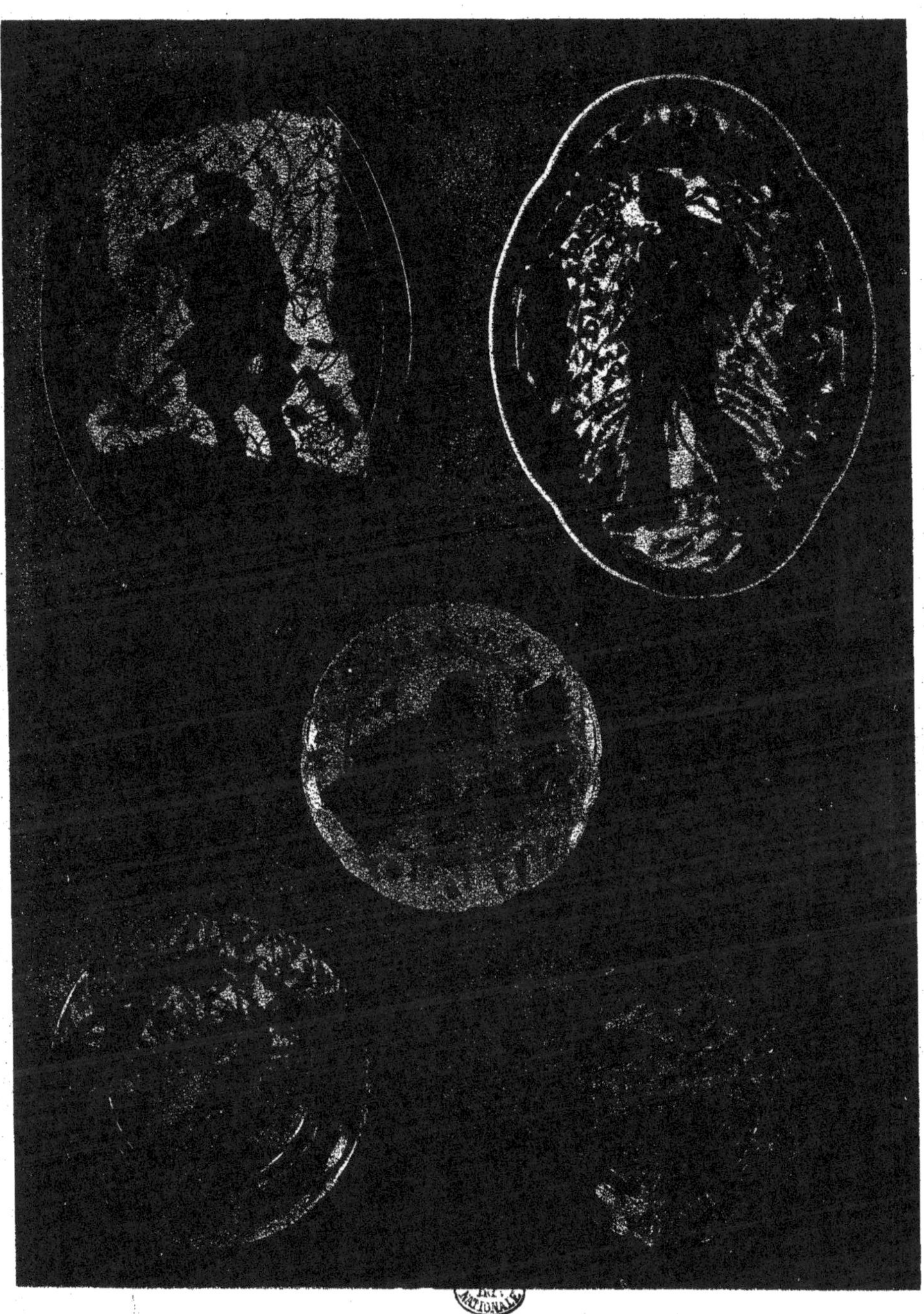

Plats de porcelaine de la Manufacture de l'État.

L'IMPRESSION SUR TISSUS
DANS L'INDUSTRIE TEXTILE RUSSE.

L'impression sur les tissus, généralement sur des tissus de coton, est une branche très importante de l'industrie russe. Avant la guerre européenne la Russie occupait sous ce rapport comme production et comme appareil la seconde place dans la production mondiale, ne cédant la première qu'à l'Angleterre. Les fabriques russes des tissus imprimés, très puissantes par la production et par le montage, étaient en état non seulement de suffire aux demandes du marché russe, mais encore d'introduire tout ce qu'il y avait de nouveau dans l'industrie textile de l'Europe Occidentale. Le dessin et les modèles de nouveaux tissus importés de l'Europe ont souvent joué le premier rôle dans l'industrie textile russe. Tous les tissus et tous les dessins qui étaient en vogue en Europe étaient aussitôt importés en Russie; on leur y faisait subir des changements pour les adapter au goût du pays et c'est ainsi qu'ils étaient présentés au jugement de l'acheteur.

Outre l'impression mécanique, l'impression des tissus à la main, dont l'origine date du XII siècle, a été très répandue en Russie, tandis que la fabrication des tissus ne fut bien organisée que vers la fin du XVIII siècle, dans la région d'Iwanovo-Voznessensk.

L'impression manuelle à domicile s'est conservée jusqu'à présent dans le ménage ordinaire du paysan russe non seulement dans les provinces du centre, les gouvernements du Nord et de l'Est, mais encore au Caucase et dans l'Asie Centrale. Quant à la grande industrie textile, elle n'a gardé l'impression à la main que pour les tissus de laine, pour fabriquer les châles, les couvertures, les mousselines asiatiques et en partie pour les articles de soie. On peut y joindre l'impression à l'aérographie pratiquée dans des proportions considérables par une des fabriques de Moscou et quelquefois pratiquée encore par la petite industrie à domicile (par exemple pour les costumes de théâtre).

Le dessin des tissus russes peut être classé en quatre catégories suivantes: le dessin des tissus de ville, le dessin destiné pour la population des campagnes, le dessin asiatique et le dessin pour les tissus de laine et de soie.

Tissu imprimé (style soviétique).

Le dessin des tissus de ville n'est pour la plupart qu'une certaine répétition du goût et de la mode de l'Europe Occidentale. Ce dessin est toujours sujet à des variations constantes. Parfois il disparaît très vite ne laissant d'autre trace que quelques pièces non vendues. Le point de départ pour la création du dessin des tissus de ville était le plus souvent dans les collections des échantillons français des dessins pour les tissus de coton, de laine et de soie. Les grandes fabriques russes n'ont jamais ménagé les moyens pour faire venir de France des collections de ce genre. En outre, les directeurs des fabriques russes visitaient chaque année Paris et faisaient leur choix de dessins dans les nombreux ateliers des dessinateurs français. Les couleurs du dessin reflétaient de même ce qui était en vogue à Paris. Paris a été toujours pour nos fabriques le législateur du dessin et des couleurs. Les produits de l'Allemagne et de l'Angleterre en fait de dessins et de couleur n'ont jamais satisfait les fabriques russes.

Mais ce n'est pas toujours que le dessin des tissus de ville venait de Paris. Plusieurs fabriques russes possédaient de vastes ateliers de dessin, bien montés; non seulement on y faisait des variations du dessin de la saison, mais on tâchait d'y élaborer un type plus stable. En cas de succès ce type devenait parfois pour quelque temps classique et, après avoir perdu le consommateur inconstant de la ville, entrait pour longtemps dans le vaste marché des campagnes. Pendant les derniers vingt ans on a observé dans l'Europe Occidentale une baisse d'intérêt pour les tissus imprimés et un certain engouement pour les dessins dont les couleurs sont données par le tissage. Ce changement de goût s'est fait sentir en Russie d'abord dans les dessins des tissus de ville. On a vu paraître des dessins imitant les dessins tissés. Les dessinateurs russes expérimentés et les maîtres imprimeurs ont réussi parfois à produire de vrais chefs-d'œuvre d'imitation des dessins tissés en fait de tissus pour les robes et les blouses de dames.

Quant au dessin moderne, des tissus destinés pour la population des campagnes il a son origine parfois dans un remaniement du dessin des tissus de ville plus ou moins adapté aux goûts de la population de campagne; mais quelquefois, il est légué par le passé. Il faut citer d'abord les dessins ponceaux à l'alizarine qui jusqu'à la fin du siècle dernier ont dominé sur le marché russe.

Le goût des tissus ponceaux coloriés de dessins simples mais vifs sur fond rouge

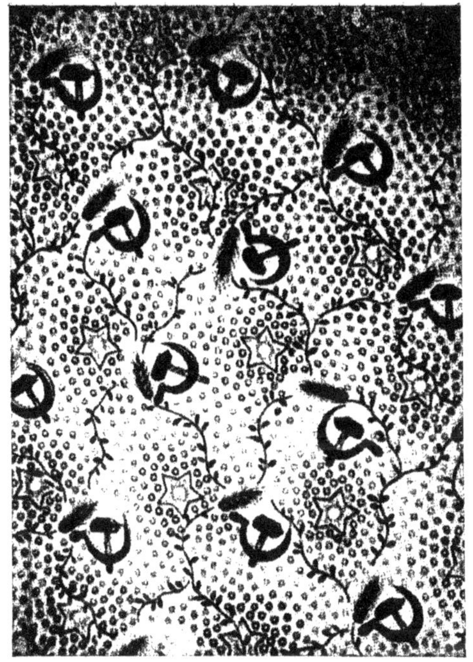

Tissu imprimé (style soviétique).

éclatant persiste de nos jours non seulement chez les consommateurs des marchés des provinces orientales de l'Union, mais encore en grande partie chez les paysans des provinces du centre. Les tissus ponceaux à fond uni appartenaient au genre préféré pour les chemises du paysan russe. Les tissus ponceaux ornés de dessins ne montraient pas un choix de couleurs étendu: on imprimait sur un fond ponceau avec du blanc corrodé, avec du rose, du noir, du jaune, du bleu et du vert, toutes ces couleurs toujours dans les mêmes nuances et du même degré d'intensité. Les dessins ont profité en partie des motifs orientaux et en partie ils ont adapté avec des changements les anciens dessins russes des tissus imprimés à la main.

Des dessins d'un grand rapport parfois spécialement exécutés sur des tissus ponceaux ont toujours trouvé leur marché dans l'Asie Centrale et ont été exportés avec succès en Perse et en Turquie. Cependant la production des tissus ponceaux à l'alizarine a considérablement diminué depuis 1890, quand les nouveaux procédés de teinture en rouge et en rouge foncé (bordeau) ont été introduits.

Les châles de coton ont toujours été d'une grande importance pour le marché des campagnes. On y imprimait des dessins vifs sur fond blanc ou coloré de noir, de ponceau et de rouge foncé. La production des châles avait toujours un rapport avec les perspectives de la récolte. Leur fabrication était la spécialité de 4 ou 5 grandes fabriques russes. Les dessins et les couleurs de ces châles n'étaient pas sujets à varier souvent. Il est intéressant de noter que les châles de coton russes aux dessins imprimés ressemblaient beaucoup aux châles italiens fabriqués non seulement pour le marché italien, mais aussi pour les pays des Balkans et la Turquie. Nos fabriques produisent jusqu'à présent de nouveaux dessins qui ne sont, il est vrai, que des variantes des dessins anciens pour les tissus roses à l'alizarine — le genre préféré des paysans russes.

Avant la guerre européenne, le dessin asiatique jouait un rôle important dans l'industrie textile russe. Les fabriques russes ont beaucoup travaillé sous ce rapport pour s'emparer solidement des marchés de l'Asie Centrale, du Caucase et de la Perse et pour arracher en partie à la fabrication étrangère celui de la Chine Occidentale et en partie celui des provinces de l'Asie Mineure et de la Turquie. La marchandise russe s'est introduite si profondément dans les mœurs des habitants de l'Orient qu'après la guerre et la Révolution la foire de Bakou de l'an passé a donné un témoignage évident des sympathies qui y étaient acquises. Remarquons que le dessin asiatique est variable, capricieux et exposé à de grands changements selon les goûts particuliers de chaque pays. Ces changements de mode parfois d'un caractère général exigeait aussi un changement fréquent des dessins et ce ne sont que les grandes fabriques disposant de vastes ressources qui étaient en état de s'emparer avec succès du marché d'Asie.

Les tissus de laine imprimés avaient moins de vogue que les autres; par leur prix élevé, ils n'étaient qu'à la portée de la classe bourgeoise. En fait de ces tissus il faut considérer comme l'article le plus important: les châles de laine de différentes dimensions imprimés à la main, les couvertures, et dans une certaine mesure, les mousselines imprimées et les cachemires d'Asie.

Le caractère original du dessin des châles de laine imprimés à la main peut être considéré jusqu'à un certain point comme une création du dessinateur russe populaire. Pendant les 40 à 50 années de son existence dans cette production, l'impression à la main des tissus de laine, malgré l'absence presque complète de dessinateurs instruits, a produit une quantité d'admirables dessins composés par des dessinateurs sans éducation qui remaniaient parfois dans le goût russe des dessins étrangers, leur donnant des couleurs vives mais bien assorties: les couleurs étaient à leur tour composées par les coloristes russes qui étaient parfois les successeurs d'un petit

Deux châles imprimés (production du Camvolny Trust).

nombre de maîtres français et tchèques ayant travaillé pendant quelque temps vers la fin du siècle dernier dans les fabriques russes.

Le caractère varié et les conditions spéciales du marché russe ont toujours demandé des dessins nouveaux à la mode de Paris, mais en même temps ont exigé toujours un remaniement pour les adapter aux goûts de l'acheteur russe. Les motifs de l'Orient ont aussi toujours joué un rôle important. Quant au style appelé russe, il n'a presque pas eu d'influence sur la fabrication russe des tissus imprimés. Maintes tentatives ont eu pour but d'utiliser les dessins des broderies russes et des anciens tissus russes imprimés, mais elles n'ont pas eu de succès. L'interprétation des motifs orientaux a eu plus de vogue; quant aux dessins soi-disant turcs, ce sont de simples dessinateurs russes qui les ont beaucoup perfectionnés.

La guerre européenne et la Révolution russe ont laissé les fabriques textiles russes sans dessins et sans dessinateurs étrangers. Nous fûmes obligés pendant plusieurs années de nous servir des vieux dessins, et encore beaucoup de couleurs nous manquaient. Mais le génie créateur n'a point disparu. La Révolution a apporté la propagation de l'éducation artistique et la spécialisation de l'éducation dans les différentes branches de l'industrie.

Plusieurs jeunes peintres russes se sont intéressé aux fabriques d'impression sur tissus et il y a un an de cela, la République a vu leurs dessins reproduits par l'une des meilleures fabriques. Ce lien entre la fabrique et l'art devient de plus en plus étroit; les étudiants de l'Ecole Supérieure Russe des Arts travaillent assidûment au problème des nouveaux dessins pour les tissus et c'est justement sous ce rapport que des perspectives particulièrement larges et de grandes possibilités sont ouvertes pour l'industrie textile russe.

A. Lebedeff.

Dessin pour tissu imprimé.

LA GRAPHIQUE ET LA POLYGRAPHIE RUSSES.

Le jugement sur l'art contemporain de la République Soviétique ne saurait passer sous silence le fait de l'épanouissement de la branche de l'art industriel que nous appelons la polygraphie. Nous y réunissons avant tout toutes les formes de l'imprimerie, du livre au placard: allant de l'estampe de toute sorte, — au milieu, — à la photographie d'un côté et au dessin libre de l'autre. Dans cette diversité, la graphique russe se développe, croît et fait voir son originalité. Ces derniers temps, son évolution est extrêmement instructive.

A l'origine, la graphique russe est certainement redevable à la graphique étrangère. Au commencement du siècle, nous avons traversé une période tout a fait obligatoire de la dite renaissance du livre russe; cette renaissance se développpait alors sous l'influence évidente d'Aubrey Beardsley d'un côté et des maîtres français se ressemblant aussi peu que Valloton, Forain, Steinlein, Lepère, de l'autre. Nous les avons toujours bien connus. Mais en même temps, sur ce fond général des influences occidentales, parmi lesquelles on pourrait dans une certaine mesure faire remarquer l'influence allemande, l'originalité de l'art graphique russe s'est détachée d'une manière particulièrement nette. Somoff, maître et chef de l'École de Léningrad, s'est montré non seulement un Européen raffiné qui a saisi tout le charme du rococo et du romantisme, mais aussi un provincial russe exquis précisément par sa naïveté et sachant joindre à la grâce la plus impeccable un je ne sais quoi de septentrional, de russe, d'un peu gauche et quelque peu triste. Cette teinte de regret pour le passé qui s'en va a aussi influé le côté extérieur de la production de notre graphique prérévolutionnaire du XX siècle.

C'est précisément sur ce fond de rêveries rétrospectives que l'originalité de l'art graphique de l'ère prérévolutionnaire se détache le mieux.

Quel est le principe des innovations de l'art d'imprimerie soviétique? Il suffit d'un regard jeté sur la production du «Gossizdat» (Éditions d'État),

du «Goznak» (Manufacture des Papiers d'État) et des autres principaux
centres de l'œuvre soviétique d'imprimerie et d'édition actuelle, pour permettre
de formuler les nouveaux problèmes de l'industrie polygraphique russe
comme une réponse à la nécessité de satisfaire aux besoins collectifs des
millions de nouveaux lecteurs. Depuis la Révolution en Russie l'édition
jette un pont entre le livre d'art et le livre bon marché. Dans la polygraphie
russe contemporaine nous avons la démonstration la plus intéressante de
la démocratisation de l'art par l'imprimerie.

Cela suffirait pour attirer l'attention sur la graphique russe, mais l'explorateur
est obligé de souligner une autre innovation non moins importante. L'idée

Illustration pour „Le portrait" de Gogol par A. Kravtchenko.

de l'art du livre commence à se développer précisément pendant les années
révolutionnaires. Jusqu'alors en Russie on parlait de «l'art dans le livre».
La rencontre de l'artiste et du typographe n'avait lieu qu'à la fin du travail
d'imprimerie, l'artiste était appelé à orner le livre, l'illustration était un art
décoratif. Durant les mêmes années qui semblent avoir été particulièrement
difficiles pour l'art, nous pouvons remarquer un phénomène instructif de
l'évolution contemporaine de l'art: le rapprochement de l'art et du métier.
L'art du livre se conçoit non comme l'art de l'«orner», fût-ce par des
dessins les plus raffinés, mais comme le problème de le construire d'une

façon particulièrement convaincante et formelle,—d'en faire un organisme dans lequel la composition du texte, la mise en page, la composition de la page et de l'illustration avec les ornements s'unissent en un tout.

Les résultats auxquels arrivera le livre en masse se préparent par les expériences sur des livres séparés qui ne comptent que sur un tirage comparativement restreint. Précisément durant les premières années du

Couverture de livre par S. Tschekhonine.

pouvoir soviétique, en 1918, la meilleure des typographies russes, Golike et Vilborg à Léningrad, a publié un livre que nous pourrions sans crainte placer au rang des chefs-d'œuvre du livre étranger contemporain: c'est «Le Livre de la Marquise» ou les dessins se marient au texte français en une merveilleuse unité. Le cercle des artistes de Léningrad lié avec le «Monde de l'Art» a aussi prouvé son activité dans toute une série d'éditions et d'albums. C'est dans des volumes modestes et comparativement bon

60

W. Favorsky. Salle Swerdloff dans le Palais du Comité Exécutif au Kremlin, Moscou (gravure sur bois).

marché, mais irréprochablement soignés comme exécution typographique que l'«Aquilon», la «Pétropolis», et le «Comité de popularisation des éditions d'Art» ont publié les nouvelles de Karamzine, Tourguéneff, Lieskoff, Dostoievsky, les poésies de Fète et de Nékrassof. On voudrait citer ici le nom de Doboujinsky en premier lieu. Dans les illustrations et les couvertures de livres, ce maître de premier ordre dans l'art du dessin a témoigné un penchant pour les recherches «extrêmes» de nuance «expressioniste». C'est justement en la personne de Doboujinsky que Dostoievsky a trouvé pour la première fois un illustrateur qui soit à son niveau («Les Nuits Blanches»). A côté de Doboujinsky, Koustodieff semble un réaliste plus sobre et plus retenu qui s'immole dans l'extraordinaire accompagnement du texte imprimé de Nékrassoff par la lithographie. Du nombre des graphiques plus jeunes Léningrad a fait valoir Konachevitch, l'illustrateur favori du livre pour les enfants. Mais c'est «Le Cavalier de Bronze» de Pouchkine, avec les illustrations d'Alexandre Benois, qui peut être considéré comme le chef-d'œuvre des éditions des classiques russes au point de vue artistique durant la période révolutionnaire; l'artiste a travaillé à ces illustrations pendant 20 ans, prouvant la possibilité de transposer le texte d'une manière inattendue et persuasive en une série d'images visuelles. Cette édition se rapproche tellement d'un album d'art, que c'est précisément d'elle qu'il est aisé de passer aux vrais albums sans texte, dans lesquels nos meilleurs artistes ont réuni des séries de leurs dessins en les reproduisant par des procédés techniques originaux. Ce fait que les dessinateurs russes ont reproduit eux-mêmes leurs dessins par les procédés de lithographie, de xylographie, et par les autres procédés de gravure, est un des traits les plus importants et les plus caractéristiques de l'art polygraphique révolutionnaire. Si l'épanouissement des arts graphiques a été en général préparé avant la Révolution par l'activité du groupe d'artistes connu sous le nom du «Monde de l'Art», la renaissance de la gravure que nous avons actuellement est un phénomène tout à fait de notre temps.

Un vrai embarras de richesses attend l'explorateur dans cette région. A Léningrad beaucoup d'artistes se sont adonnés à la lithographie. Ostrooumova-Lebedeva qui avait dirigé la génération cadette dans la voie de la gravure sur bois, a publié en 1921, après Koustodieff, un album de lithographies consacré à «Pétersbourg» ainsi que deux autres, celui de Doboujinsky (lithographies) et celui de Chillingovsky (xylographie). Le nom de ce dernier maître de tout premier ordre qui s'est fait fort remarquer ces derniers temps ainsi que le nom de Vereisky qui a commencé à travailler pendant les années de la Révolution se joignent aux noms déjà connus. Le style classique sévère de Chillingovsky, le «Versailles» coloré de romantisme de Benois, et le «Pavlovsk» d'Ostrooumova-Lebedeva sont la preuve de l'attention que l'art de l'époque révolutionnaire a prêté aux meilleures traditions du passé.

Il est indispensable de faire remarquer que les nouvelles recherches se sont montrées très animées dans d'autres centres intellectuels de la République Soviétique. On peut rappeler ici que même la province russe (Kazan, Vologda, Oulianoffsk, ci-devant Simbirsk) a donné toute une série d'œuvres d'un grand intérêt artistique rendant dans leur technique, très fraîche de style, des motifs locaux.

Mais c'est Moscou qui est devenue le centre indiscutable des nouveaux triomphes de la graphique russe contemporaine. Elle a donné une série d'eau-fortistes de premier ordre, de lithographes et de maîtres de la gravure en couleurs, comme Falileiev, et avant tout—un groupe de graveurs sur bois dont deux se font surtout remarquer, deux antipodes et par cela même l'expression des deux tendances foncières de l'art moscovite. Nous mettons à la première place Favorsky qui dans ses œuvres étroitement liées au livre a traversé différents degrés, en passant du primitivisme conscient à une manière compliquée et originale et profitant de toutes les particularités de la technique de la gravure sur bois comme aucun autre de ses contemporains. Étant le chef de toute une école, Favorsky peut prouver la vitalité de son style non seulement par les vignettes originales de «Thamar» et des «Masques et Visages» de Sizeranne, non seulement par une œuvre de jeunesse,—les initiales classiquement exécutées pour les «Opinions de l'abbé Coignard» d'Anatole France, mais aussi par les œuvres de ses disciples: Gontcharova, Etcheistoff, Soloveitchik, Freiberg, Spinel et autres qui ont cultivé sous sa direction la technique difficile de la gravure et qui promettent de très beaux résultats dans l'avenir prochain.

Le maître que nous sommes enclins à opposer à Favorsky pour l'importance des résultats artistiques qu'il a atteints, est Kravtchenko. Dans toute une série de gravures, soit illustrations, soit paysages, soit se rattachant à diverses formes de la petite estampe, Kravtchenko se montre intarissable d'invention et maître très sûr d'une technique de premier ordre. L'existence à côté de ces artistes de premier rang d'autres artistes qui peut-être ne leur cèdent pas en mérite,—d'Oussatcheff, travailleur strict et sûr, quelque peu suranné dans ses procédés, du portraitiste et décorateur de premier ordre Pavlinoff, de l'ingénieux et piquant Koupreïanoff, enfin de l'extrême «gauche» dans la technique et dans la forme Sterenberg, infiniment original dans ses gravures, nous prouve avec évidence l'épanouissement de la nouvelle gravure russe dans la capitale de l'U. R. S. S.

Moscou devient aussi le centre de l'industrie du livre. Nous pouvons faire remarquer dans cette production du livre soviétique toujours croissante les éditions spéciales consacrées à l'art, les monographies sur les meilleurs

Affiche industrielle par Wesnine.

maîtres contemporains et en premier lieu précisément les monographies sur les représentants de l'art graphique: Ostrooumova-Lebedeva, Falilléeff, sur les maîtres du nouveau style comme Tschekhonine ou Mitrokhine, l'un des plus sympathiques artistes du livre de notre temps. Une des premières monographies consacrées à l'art après la Révolution a été le livre de l'auteur de ces lignes sur Steinlein. Des monographies spéciales ont été éditées sur Rodin, Valloton, Daumier. Quelques éditions furent consacrées à la publication des trésors du passé conservés dans l'U. R. S. S. Il faut y rattacher avant tout une édition des dessins des vieux maîtres, sous la rédaction de l'auteur de ces lignes, elle a été exécutée par la Manufacture des Papiers d'État. Cette édition peut incontestablement être placée au rang des meilleures éditions de fac-simile scientifiques et artistiques de l'Europe Occidentale. Le fait que l'entreprise des éditions du pays des ouvriers et des paysans a résolu de publier une édition de ce genre témoigne certainement du niveau élevé de son travail et de la conscience des obligations incombant à un état possédant des trésors d'art d'une portée universelle.

Notre très courte étude ne saurait énumérer toutes les œuvres dignes d'attention de l'art graphique russe des dernières années. Ce sont justement ces années qui ont vu l'apparition d'une lignée de dessinateurs de premier ordre dont certains ont su créer leur propre style, convaincant et perçant, documenté le mieux dans le dessin de portrait. Nous ne connaissons pas dans l'Europe Occidentale une édition pareille aux «Portraits» d'Annenkoff. Altmann, dans ses croquis de Lénine, s'est montré comme un observateur incomparable. A côté d'eux on ne peut placer aucun des dessinateurs russes. Et cependant ne suivant que les éditions illustrées par un seul auteur quelconque, on doit constater l'extrême diversité et la richesse de la graphique russe en général.

La technique typographique des dernières années peut être démontrée d'une manière très intéressante par les exemples du Goznak (Manufacture

des Papiers d'État). Ce centre de production qui est très bien monté dans
certaines de ses branches se trouve sur
un niveau technique très élevé. Par rapport à la préparation des papiers d'état,
des billets de banque, des timbres, les
travaux du Goznak montrent un intérêt
très sérieux pour les lignes latérales du
développement de sa technique. Dans la
recherche de la « défense » des billets de
banque et de la lutte avec la contre-
façon, le Goznak continue de développer la « peinture lumineuse », c'est-à-dire
les images en filigranes, procédé dont il
se sert avec une maîtrise indiscutable.
L'art ancien de la gravure sur acier existe
encore au Goznak, pratiqué par les graveurs des billets de banque d'État. Ceci
rappelle à la mémoire que le billet de
cent roubles du temps des tzars a été
considéré comme l'une des valeurs les
plus parfaites du monde par rapport à
l'exécution. Une édition mémoriale comme
celle qui est consacrée aux couronnes dé-

Affiche „Au secours!" par D. Moor.

posées sur le cercueil de Lénine pourrait servir de prétexte à l'examen de
tous les procédés techniques de reproduction actuellement possibles. La Russie
était, comme on le sait peut-être trop peu, le pays classique de l'art
d'imprimer en couleurs. Les procédés Orloff et Roudometoff et dans les
temps plus récents les couleurs de Tourkine et de Sark, bonnes pour le
papier, la gravure et les tissus, ont été des succès marqués d'une portée
européenne.

Ce penchant pour les impressions en couleurs pures, cette tension du
coloris, cette précision de la tache de couleur, seront peut-être l'impression
dominante produite par les affiches russes, très piquantes dans le plan
politique, très gaies dans le plan de propagande, très intéressantes dans le
domaine d'affiche de publicité simple, dans lequel l'artiste-constructiviste
Rodtchenko a trouvé une très heureuse adaptation à ses recherches abstraites.

Notre étude est forcément sommaire. Nous voudrions en finissant souligner
quelques uns des problèmes posés ces derniers temps devant l'art graphique
russe. Il n'est certainement pas au bout de ses recherches. Il lui reste encore
beaucoup à gagner. Dans le domaine du livre, la Russie reste pauvre en

papier et en machines. Dans le plan des problèmes purement artistiques, l'actualité contemporaine qui a posé devant les dessinateurs russes celui du dessin satirique, n'a encore créé dans ce domaine rien d'égal à ce qui a été atteint par la graphique «pure». Le problème du livre en masse n'est que préparé à être résolu. Mais les voies à suivre sont bien tracées. Dans les couleurs éclatantes des calendriers, dans les livres pour enfants, réjouissants par leurs couvertures bigarrées et gaies ainsi que par la liaison intime du texte et du dessin, liaison parfois parfaite, dans les couvertures des éditions périodiques, l'énergie artistique soviétique qui pose le fondement d'un certain nouveau style formel digne de l'époque extraordinaire que nous traversons, est documentée avec toute la précision possible.

Prof. A. A. Sidoroff.

Pavillon du „Gossizdat", place de la Révolution, Moscou,
Lavinsky, architecte.

LE THÉATRE ET LE PEINTRE PENDANT LA RÉVOLUTION.

1.

Notre rupture avec l'Europe a duré dix ans. Elle a été causée par la guerre et prolongée par la Révolution. Nos liens avec l'Europe Occidentale ont été rompus. L'époque de 1914—1924 nous a entouré de barrières. C'est par rapport à la France que nous l'avons surtout ressenti. La France n'a rien su sur notre art durant cette période. Le rétablissement des relations semble être basé sur la supposition que nous n'avons pas bougé depuis 1915. On veut nous faire jouer le dernier acte de la Belle-au-Bois-Dormant. L'Occident s'est laissé persuader que notre art s'est assoupi au moment précis où il a décidé de nous tourner le dos. L'Occident est encore persuadé que nous devons nous réveiller dans l'attitude dans laquelle nous nous sommes endormi et que ça ne doit arriver qu'au moment où il nous donnera le baiser de reconnaissance. Il est remarquable que la France continue de considérer comme peintres russes modernes la lignée des artistes du « Monde de l'Art ». L'époque des « ballets russes » est encore pour la France la mesure de notre valeur. « L'influence russe » est encore bornée aux mises en scène de Diaguileff, etc. Certes, nous sommes satisfaits du degré d'impression qu'elles ont produit et n'avons aucunement l'intention de désavouer la période du ballet russe. Nous constatons avec satisfaction que les modes ultérieures qui ont amené l'invasion de l'art nègre et les danses suédoises n'ont pas porté atteinte à la suprématie de Diaguileff. Néanmoins nous devons fixer du regard le calendrier pour proclamer qu'il est voilé de poussière et que les feuilles n'en ont pas été arrachées depuis dix ans.

Pendant ce temps nous avons fait une longue étape. Il y a beau temps que nous ne jouons plus à ces jeux anciens. Le plus retardataire, le plus académique de nos théâtres ne doute plus que l'époque de Diaguileff est une phase depuis longtemps accomplie. Il n'y a plus à y revenir. Un sentiment sain et vif a depuis bien des années tracé une limite entre les jeunes artistes et l'exotique décolorée et pathétique du « Monde de l'Art ». Il existe un art russe nouveau, il a grandi dans la Russie d'après la Révolution. Certes, ses diverses branches sont d'une portée inégale, nous le savons bien. En général, nous ne sommes pas enclins à l'orgueil. La

civilisation russe n'a jamais péché par là. Au contraire, apprendre en
Europe c'est là notre tradition. Il nous est plus propre d'admirer l'Occident que
de nous extasier sur nous-mêmes. Nous sommes des élèves volontaires,
reconnaissants, souvent trop enthousiastes. L'un des plus « russes » de nos écrivains, Glieb Ouspensky, a versé des larmes classiques au Louvre, devant
la Vénus de Milo. En particulier, la culture russe se souvient très bien de
ce dont elle est obligée à l'influence artistique de la France. Cette influence
a été très importante en général, — elle a été universelle dans le domaine
des arts plastiques, surtout durant les dix dernières années. Telle
était notre foi du messianisme artistique de Paris qu'il n'y a pas eu un
« isme » assez naïf pour ne pas faire sa tournée apostolique en Russie.

Mais c'est justement ce qui nous donne le droit d'affirmer résolûment
qu'il existe dans notre civilisation un domaine d'une portée universelle et
indépendante. C'est le théâtre russe. Par rapport au théâtre le défaut de
toute correspondance entre le point de vue de 1915 et ce qu'il a vécu et
créé pendant la Révolution est particulièrement palpable.

2.

Le théâtre russe est empreint d'un beau sentiment de liberté. Il est
indépendant dès le milieu du XIX siècle. L'histoire du Petit Théâtre
de Moscou est déjà l'histoire du théâtre universel pris au point de vue
russe. Et dès le commencement du XX siècle, dès 1900, le Théâtre
d'Art de Moscou a été le porteur unique de la grande culture théâtrale
de l'Europe. Cela ne veut pas dire que les théâtres de France, d'Allemagne, d'Italie, n'aient pas leur importance. Nous avons bonne mémoire
de tout ce qui ne doit pas être oublié. Nous nous souvenons de tous les noms et
de toutes les impulsions. Mais ça veut dire que c'est une conception du
« théâtre » plus profonde, plus entière, plus grandiose que tout ce que nous avons
appris à connaître du théâtre de l'Europe Occidentale pendant les 30 dernières
années. Là ce n'était qu'un théâtre en lettres minuscules, le théâtre des détails
brillants, le théâtre des différents éléments séparés — le théâtre de tel grand
acteur, de tel régisseur ingénieux, de tel faiseur de pièces ou de tel inven-
teur de principes. Le théâtre occidental moderne n'a plus de « mystère ».
Il se prête tout entier à l'analyse. Il se prête à être démembré. Il ne
consiste que d'éléments pouvant être différenciés. Ses spectacles sont
combinés comme les images composées de petits cubes par les enfants.
Le théâtre d'Italie: — acteur individuel puissant, des comparses indisciplinés
et mal dressés, point de régisseur, nullité de spectacle, dramaturgie mi-
scénique, mi-livresque. Le théâtre d'Allemagne: — un acteur individuel moyen,
une troupe dressée et disciplinée, un régisseur zélé, spectacle au-dessus

Théâtre de Chambre. Scène de «Roméo et Juliette», mise en scène par Exter.

de la moyenne, une dramaturgie peu scénique, mais profonde. Le théâtre de France: — un acteur individuel brillant, des comparses bien dressés mais mal disciplinés, un régisseur adroit mais de peu de puissance, un spectacle déca‑dent, une dramaturgie scénique mais peu profonde. Le théâtre anglais n'est qu'un régisseur intelligent ou sot et un public absolument niais; le théâtre américain n'est qu'un impressario. (Mes caractéristiques sont sans doute sommaires, et ces aphorismes me rendraient confus si je ne savais que je dis là des truismes).

Le théâtre russe, c'est le théâtre en lettres majuscules. C'est l'organisme vivant de la scène. L'Europe n'a su parvenir qu'à la conception de

Théâtre „Comedia". Décor pour „Don Carlos" par I. Rabinovitch.

« l'ensemble ». Elle s'est trahie par cette mesure d'assemblage, de réunis‑sement. C'est essentiellement négatif. Son but n'est que d'unir les parties incohérentes du spectacle. Elle cherche à atténuer leur discordance natu‑relle. Le principe du théâtre russe n'est pas l'ensemble, mais l'unité. De même que le changement d'attitude d'une créature vivante produit un changement coordonné de toutes les parties du corps, un changement de n'importe quelle partie du spectacle russe doit produire un déplacement de toutes les autres parties pour les amener à un nouveau équilibre vivant. Le théâtre russe ne saurait changer ses éléments. Il n'a que le choix des points d'application de ses leviers. Des exemples présents à la mémoire de tout le monde seraient: l'accentuation du rôle du régisseur au Théâtre d'Art de Moscou, ou, plus tard, l'influence marquée des décorateurs du «Monde de l'Art», de ces mêmes décorateurs qui ont créé l'atmosphère scénique des «ballets russes». Notre spectacle n'est pas un voile apporté de dehors, qu'on pourrait quitter, qu'on pourrait rejeter. Le théâtre russe est à prendre ou à laisser en entier. On ne saurait le démembrer comme la littérature française,—cette «littérature littéraire», tellement contraire à toutes les autres littératures, y compris la nôtre qui sur son beau visage, unique au monde, porte un grain de beauté singulier. Ce visage nous est plus cher que tout autre, mais le grain de beauté n'en est pas une.

3.

Notre Révolution a certainement cassé bien des vitres, mais elle a endurci l'acier. Le souvenir de la vie de l'art en France pendant les années 1789—1799 suffira pour offrir des analogies. Les propriétés fondamentales des Révolutions n'ont pas changé. La Révolution a ébranlé les assises de notre civilisation artistique. Elle semble avoir mis à nu les éléments qui la composent. Les belles-lettres, la musique, les beaux-arts, le théâtre se sont mis à vivre d'une vie plus ou moins particulière. Chacun avait son sort à lui. Tantôt ces éléments se tenaient sur la surface et bouillonnaient avec la Révolution, tantôt ils disparaissaient dans ses profondeurs.

Le théâtre n'a pas connu ces hauts et ces bas. Il n'a pas été ébranlé par les secousses de la Révolution. Il a marché au même pas qu'elle. Il a travaillé sur un grand front développé. Il se déroulait en profondeur— dans la vie révolutionnaire, et en superficie—sur la ligne de nos scènes. Durant cette période sa force de création a souvent fait penser que la vraie place du théâtre est dans les troubles de l'ordre social. Les muses se taisent inter armas, à ce qu'on dit,—mais point Thalie, ni Melpomène. Elles sont mêlées aux masses et coiffées du bonnet phrygien. Que de fois durant ces années soviétiques nous avons feuilleté les pages de l'histoire du théâtre en France pendant la Grande Révolution en y apprenant ce qu'actuellement nous seuls, citoyens de la République des Soviets, pouvons y reconnaître. Pour la France cela n'est déjà plus que de la «littérature», pour nous c'est la réalité d'aujourd'hui. Nous nous sentons contemporains des tempêtes déchaînées par la représentation de Charles IX; c'est nous qui avons applaudi Joseph-Marie Chénier, nous qui avons organisé les pantomimes de la «Prise de la Bastille», nous qui pouvons attester de quel soleil étaient dorées les foules qui fêtaient la déesse de la Raison ou l'Être

Suprême. Nous pouvons porter témoignage que les Goncourt ont calomnié dans leurs invectives le théâtre de la Révolution, car nous avons vu nous-mêmes les solennités d'Octobre, alors que nos peintres et nos acteurs ont créé sur la place du Palais la mise en scène en masse de la «Prise du Palais d'Hiver», alors que les compositions en couleurs des décors futuristes ont escaladé les façades anciennes et coupé en deux la colonne Alexandre, et dans ces décors les foules armées sont allées encore une fois à l'assaut, cette fois pacifique, tandis que sur la Néva, l'«Aurore» bolchévique, tournant de nouveau les bouches de ses canons sur le Palais, s'est voilée d'une fumée déjà inoffensive. Nous avons vu pendant les fêtes de Mai la Place du Grand Théâtre de Moscou frissonnant de gigantesques panneaux et d'étendards polychromes, les gazons et les plantations peintes en couleur violette,—et les colonnes des démonstrants débouchant sur la place sous d'innombrables drapeaux en rouge et en or, entre deux rangs d'arabesques et de volutes dont Lentouloff et ses élèves avaient couvert les palissades et les boutiques d'Okhotny Riad. Nous avons vu au cirque le Congrès des Soviets applaudir avec frénésie la mise en scène du «Mystère-Bouffe» de Mayakovsky, dans la construction décorative d'Altmann et avec le jeune Granovsky comme régisseur. Nous avons assisté aux «Aubes» de Verhaeren, chez Meyerhold, le jour où de la bouche de l'acteur, au lieu des strophes attendues du poète, a volé dans la salle la nouvelle du jour, l'ordre célèbre de Smilga annonçant la défaite de Wrangel: «Camarades, les troupes rouges sont entrées en Crimée»—et le théâtre s'est levé, en applaudissant, et l'Internationale retentit.

4.

Nous ne parlons pas politique, mais art. Nous caractérisons l'esthétique de la Révolution et du théâtre. Cela a été un spectacle unique au monde et inoubliable. Il continue d'émouvoir encore aujourd'hui la mémoire avec autant de force qu'il a ému alors l'imagination. Le théâtre a incarné la Révolution, la Révolution a élevé le théâtre. Le théâtre a offert à la Révolution ses régisseurs, ses artistes, son art,—le premier de l'Europe,—et la Révolution lui a donné un nouveau spectateur, un souffle pathétique et essentiellement nouveau, un nouveau sens social. Bien souvent la Révolution et le théâtre se sont rejoints comme les deux volets d'un diptyque. Dans la même salle de théâtre, le jour, on écoutait les rapports des Soviets, les appels au travail, les appels à la défense, et le soir amenait une représentation théâtrale de premier ordre. Les jours solennels de la Révolution l'union des séances soviétiques avec les spectacles de théâtre est devenue une pratique commune et appréciée. Le théâtre et la Révolution s'empruntaient réciproquement les couleurs.

Cela s'est fait sentir jusque sur l'extrême droite. Le vieillard académique lui-même, le Petit Théâtre centenaire, s'est montré pendant ces années comme une quantité réelle dont on ne saurait ne pas tenir compte. Il nettoyait résolûment son répertoire, multipliait ses mises en scène, faisait des tournées dans les quartiers ouvriers. Jusqu'à présent sa salle de spectacle ne reste pas vide, car sa mâle vieillesse ne manque pas de charme. Il a même connu des jours de vrais succès; dans la mise en scène des «Joueurs» et du «Mariage» de Gogol ses traditions célèbres ont démontré encore une fois toute la saveur de la comédie russe classique.

Théâtre Juif. Scène de „La Sorcière", mise en scène de I. Rabinovitch.

Néanmoins, la ligne vraiment décisive de notre théâtre moderne est déterminée par le rapport entre le centre et l'aile gauche. Plus que cela, — la résultante passe profondément à gauche. C'est la raison du charme, de l'importance, de la fraîcheur du théâtre russe moderne, en 1900, au temps de Diaguileff, de même qu'à présent. Le Théâtre d'Art est resté toujours l'instinct immense et juste, il s'est traduit dans les dernières mises en scène par l'inauguration résolue de la voie des recherches de formes nouvelles. L'apparition du personnage nouveau du jeune régisseur E. Vakhtangoff (mort subitement en 1922), qui a monté dans les Studios de jeunes artistes et sur des scènes parentes («Gabima») «Erick XIV» de Strindberg, «Tourandot» de Gozzi, le «Loup-garou» de Ansky, a été aussi significative sous ce rapport que le cours vers la gauche adapté par le Théâtre d'Art

lui-même, surtout dans les mises en scène de Nemirovitch-Dantchenko,
et plus particulièrement dans ses dernières créations scéniques si inattendues — la «Lysistrate» d'Aristophane (1923) et «Carmen» de Bizet (1924).

Je ne crains pas de me tromper en affirmant que c'est ici que fut
précisément atteint ce qui a coûté tant d'efforts au Théâtre de Chambre
(«Camerny Théâtre») de Taïroff. Voilà celui qui a été le vrai porte-étendard du
Nouveau Théâtre durant les premières années de la Révolution. Dans la
seconde période, il a été devancé par les théâtres de la gauche avec
Meyerhold en tête. L'importance de la ligne gauche suivie par le Théâtre
d'Art ne s'est fait sentir que dernièrement en tant que ce puissant organisme

Théâtre „Gabima". Scène de „Gadibouck", mise en scène de N. Altmann.

introduit dans le grand courant de ses traditions tout ce qui a prouvé sa
vivacité, tout ce qui peut la prouver parmi les innovations extrêmes de la
scène. Mais la jeunesse de la Révolution est liée avec les mises en scène
du Théâtre de la Chambre, son âge mûr — avec celui de Meyerhold. Il
faudrait peut être reconnaître — je l'ignore — que les spectacles du style
Taïroff, tels que «Thamir Cytharède» d'Annensky (1916), la «Salomé» de
Wilde (1917), «Brambilla» de Hoffman (1920), la «Phèdre» de Racine
(1924), et le «Nommé Jeudi» de Chesterton (1925), ont plus d'importance
sous le rapport d'expérience de laboratoire que sous le rapport d'intérêt
général. Mais je ne saurais oublier quelle impression vivifiante et énorme

le Théâtre de Chambre a exercé sur notre vie scénique entière, à quel
point il a été prodigue à semer ses innovations et combien lui sont redevables
ceux qui pour le moment en profitent, faisant l'air de ne pas se souvenir
de la source où ils ont puisé. Le Théâtre Juif de Granovsky tient de près
au Théâtre de la Chambre. C'est un théâtre qui n'a fait son apparition
que pendant la Révolution. C'est l'un des théâtres les plus dignes d'attention;
il a trouvé son vrai style national, il a réalisé des mises en scène rivalisant
avec les meilleures créations du Théâtre de la Chambre, du Théâtre d'Art,
et de n'importe quel théâtre de la gauche. Des jalons tels que «Uriel

Théâtre Juif. Décor pour „Uriel Acosta" par N. Altmann.

Acosta» de Goutskoff (1922), «la Sorcière» de Goldfaden (1923), «200.000»
de Scholom-Aleihem (1924) lui prédisent un avenir immense.
   Enfin, l'extrême gauche est certainement occupée par Meyerhold. Ce
prestidigitateur enragé de la scène qui a marché dans toutes les voies du
théâtre—le ci-devant psychologue du Théâtre d'Art de Moscou, le ci-devant
mystique du théâtre Kommissargevsky, le ci-devant esthète des mises en
scène gala du «Don-Juan» de Molière et du «Bal masqué» de Lermontoff,
est allé à la Révolution en proclamant l'Octobre du Théâtre. Cela a été
le plus bruyant de tous les «pronunciamento du théâtre». En tant que
proclamation d'un véritable théâtre communiste à créer, c'était trés déclaratif,
mais n'offrait que peu de chances réelles. Mais en tant qu'il y entrait
comme principe la réalisation des commandements du «constructivisme», cela

Théâtre de Chambre. Scène de „Nommé Jeudi", mise en scène A. Wesnine.

a créé un courant énorme, le plus gauche de tous ceux qui existent au monde; courant qui a laissé au second plan la pratique plus avisée du Théâtre de la Chambre et qui a entraîné les jeunes théâtres et studios des «Proletcoults». Meyerhold a mis le point final. Il a définitivement mis la scène à nu. Sur les tréteaux vides, entre quelques châssis, le long de laconiques palissades de planches, il a lancé le jeu enragé de ses acteurs, dressés jusqu'à l'art du cirque et travaillant vêtus en gymnastes sans grime ni accessoires. C'est «l'acteur nu sur la scène nue», de brillantes expériences du nihilisme théâtral, aussi puissantes par leur logique qu'exaspérantes par leur intransigeance. Que de fois n'a-t-il pas fallu prendre la plume pour combattre la logique implacable de ces expériences meyerholdiennes! Mais aujourd'hui c'est le chroniqueur et non le critique qui parle, et il nous est agréable de constater que la mise en scène du «Cocu Magnifique» de Crommelinck (1921) et de «l'Homme de la Masse» de Toller (1924) ont atteint le dernier degré d'expression et d'intensité. Mais il est encore plus agréable de constater dans les toutes dernières créations, telle que «La Forêt» d'Ostrovsky (1924) et celles qui l'ont suivie, que Meyerhold a renoncé à la logique du mouvement qui menaçait de le laisser au delà des portes du théâtre, et qu'il est revenu sur ses pas, vers le théâtre traditionnel. C'est un manque évident de conséquence, mais aussi un signe de sagesse.

5.

Le travail des peintres sur tout ce front, — de la décoration des fêtes révolutionnaires aux recherches de nouvelles formes spéciales au théâtre, a été énorme, c'est évident. Le peintre, ou plutôt le créateur de la forme matérielle de la scène, comme nos constructivistes aiment à le dire, a été l'un des principaux héros de notre théâtre. Il ne me reste qu'à signaler quelques traits généraux et nommer quelques noms, pour considérer ma tâche comme remplie.

Sur les pages précédentes, le terme de «gauche» a souvent apparu sous ma plume. Je vais m'en servir pour la dernière fois. Il m'est indispensable pour caractériser le changement de tout le système de décoration de nos théâtres. Rien ne démontre peut-être la situation avec autant de simplicité et d'évidence que le fait que les artistes gauches ont figuré seuls sur toutes les scènes principales et que ce n'est que par eux que fut créé tout ce qui a été de quelque importance pendant les dernières années. Il est vraiment remarquable que dans le cours de 2 à 3 ans les maîtres du «Monde de l'Art», les décorateurs classiques des «ballets russes», ont quitté les rangs sans bruit, tout naturellement, et sans attirer l'attention. Je tâche de me rappeler si quelqu'un d'eux a été occupé sur la scène

Théâtre Meyerhold. Scène de la comédie «La forêt», mise en scène de V. Chestakoff.

durant cette époque, et pas un nom ne me revient. Si même cela était—ça
n'était pas. Ils sont devenus impondérables. En tout cas, sur toute la grande
ligne de nos théâtres, en y comprenant même le Théâtre d'Art et ses Studios, aucun n'a été chargé d'une mise en scène. Tel a été le déplacement
de la ligne des recherches. Il est significatif sous ce rapport que le plus
modéré des nouveaux décorateurs du théâtre était P. Kontchalovsky, chef
du «Valet de Carreau», cézanniste déclaré. Sa «Péricole» (1922) a été
charmante. Mais c'était encore de la «peinture» et du «décor», en d'au-

Théâtre de la Révolution. Scène du „Lac Lull", mise en scène de V. Chestakoff.

tres mots c'était ce que le théâtre ne pouvait se permettre que pour la
dernière fois.

Car avec le décor c'est fini. Il est remplacé par «l'architecture scénique»,
«la construction théâtrale», «la formation matérielle de la scène», «le montage scénique» etc. Telle est la nouvelle terminologie. Elle a reflété le
fonds du changement. Le rôle du peintre est resté aussi magnifique. Comme
perfection de métier il ne le cédait en rien aux années 1910, aux mises en
scène de Diaguileff. Le niveau n'a pas baissé. Les nouveaux noms sont
aussi importants que ceux des décorateurs des «ballets russes». Mais quel
changement de tendances! Quelle modestie de prétentions de la part du

peintre! Les autres, ceux du «Monde de l'Art», se sentaient les maîtres de
la scène. Ils se servaient du théâtre comme de leur propre domaine.
Le théâtre n'était pour eux qu'une variante de la salle d'exposition. Nous
avons entendu les décors être applaudis plus fréquemment que les acteurs.
Les nouveaux peintres comprennent très bien quelle est leur place naturelle.
Ils ont le sens inné du tact théâtral. Ils sont «au service» du théâtre. Ils res-
pirent aisément dans les conditions de leur subordination à la scène. Leur
vanité consiste à créer des œuvres remarquables précisément dans ces
limites étroites. Ainsi les maîtres du sonnet parviennent à renfermer une
conception immense dans les 14 lignes réglementaires. J'aurais appliqué
volontiers à ces nouveaux peintres de notre théâtre la célèbre maxime de
Gœthe: «In der Beschränktheit zeigt sich erst der Meister», — «C'est surtout
en se limitant que le maître s'atteste». C'est la caractéristique de la tota-
lité des noms et des tendances. Cela suit la ligne du Théâtre de Chambre
de Taïroff qui a inauguré le mouvement et qui a fait défiler la lignée la
plus marquée et la plus nombreuse des nouveaux peintres de théâtre:
telle fut la statique cubiste créée par A. Exter pour «Thamir Cytharède» la
veille de la Révolution (1916); telles furent les formes abstraites et incessa-
ment agitées de sa «Salomé» (1917); l'étincelante mobilité de kaléidoscope
de «Brambilla», inventée par Iakouloff (1920), ainsi que sa «Giroflé-Girofla»;
telle fut la classique strictement schématisée d'Alexandre Vesnine pour la
«Phèdre» (1921) et la formule urbaine de sa maquette mécano-électro-
eifel-à-jourienne pour «Le Nommé jeudi» (1923) — jusqu'à l'algèbre des
montages de 1924 — 1925, par Stenberg et Medounetzky, pour «L'Orage»
d'Ostrovsky, «L'Avocat de Babylone» de Mariengoff et la «Sainte Jeanne»
de Bernard Show.

C'est le même mouvement sous une forme encore plus intense sur la
ligne des théâtres de Meyerhold, — dans cette conception spécifique du
«constructivisme» qui a été créé par le style même des mises en scène
meyerholdiennes. La nudité de la scène fut inaugurée par L. Popova dans
sa réalisation du «Cocu Magnifique» qui est devenu un modèle classique
et définitif; les travaux de V. Stepanova pour «La Mort de Tarelkine» (1922) et
ensuite de V. Chestakoff pour «L'Homme de la Masse», «Le Lac Lull»,
«La Forêt», ont exprimé cette tendance.

Ce courant est entré dans la ligne des styles nationaux, — N. Altmann,
pour «Gadibouck» au Théâtre Gabima et pour «Uriel Acosta» au Théâtre
Juif, ainsi que, pour le même théâtre, Marc Chagal dans les trois humores-
ques de Scholom-Aleihem (1921) et I. Rabinovitch pour la dynamique effré-
née de «La Sorcière». Le courant a abouti aux expériences synthétiques du
Théâtre d'Art, pour lequel Rabinovitch a créé la remarquable mise en scène néo-
classique de «Lysistrate»; c'est lui aussi qui a trouvé une formule rare pour

«Carmen». Son «Don Carlos» au théâtre «Comédie», les jeunes essais de Vialoff chez Meyerhold, les montages d'Eisenstein au Proletcoult, la maquette de Iakouloff pour le «Rienzi» au théâtre Zimine, même les essais de régénération par Fedoroffsky pour ce colosse lent qu'est le Grand Théâtre («Carmen» et «Lohengrin») et enfin l'inégal, mais ingénieux Erdmann dans le brillant ballet de Goleisovsky «Le Beau Joseph» (1925), — achèvent le tableau général du mouvement.

6.

Je suis d'avis que le précepte de Gœthe a été suivi. L'orgueil que nous fait éprouver le travail de notre théâtre pendant la Révolution nous semble justifié. Nous pouvons l'affirmer sans circonlocutions, d'autant plus que durant la période du travail personne d'entre nous n'a été un spectateur indulgent, paresseux ou simplement enthousiaste. Nous avons été tranchants, exigeants, intransigeants. Il n'y a eu jamais de premières aussi orageuses que pendant ces dernières années, de discussions aussi passionnées, avec des foules qui bondaient les auditoires, avec des orateurs enroués, des adversaires hululants, des épithètes frénétiques, des académiciens et des novateurs se servant d'argument de pugilats. Nous tous avons été des partisans de tendances, nous avons appartenu à des partis. Dans la perspective, la portée des contours généraux et des résultats acquis devient d'autant plus précise. Nous voulons croire que l'Europe Occidentale va nous rendre justice, et quant le flot de nos jeunes spectacles viendra remplacer les anciennes «saisons russes» sur les scènes de Paris, la ville bien aimée nous présentera encore une fois les clefs de ses portes.

Abram Efross.

Scène de „Princesse Turandot".

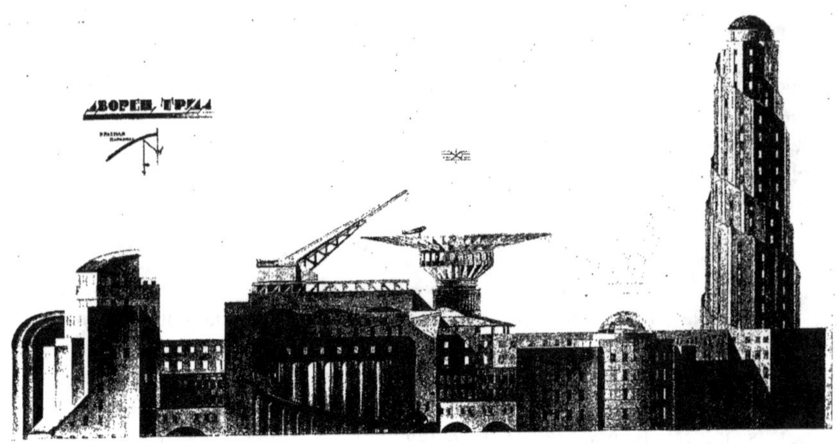

Projet d'un Palais du Travail de l'ingénieur G. Ludwig.

TROIS TENDANCES DE LA NOUVELLE ARCHITECTURE RUSSE.

L'idée de l'architecture se compose de deux moments fondamentaux:
de nos idées abstraites (capacité de l'homme de saisir par la vue les
formes et l'espace) qui sont le domaine de l'architecture autant qu'art, et
de nos actes pratiques visant à la création d'un objet réel d'architecture—
domaine de l'architecture-technique.

Aux époques de l'épanouissement de l'architecture, ces deux moments se
trouvent toujours unis dans une juste correspondance. Le moment de l'art
dirige les problèmes pour les résoudre en principe; le moment de la technique donne la base matérielle et les moyens d'exécution. Mais à l'époque
prérévolutionnaire nous observons autre chose. L'architecte est repoussé
du chemin large d'organisation et de création dans les impasses du bâtissage.
L'architecture, de grand art de réalisation et d'organisation de formes et
d'espaces qu'elle était, est réduite à n'être qu'un art de décoration et d'ornementation des superficies et des ameublements. Les ingénieurs et les
techniciens de toutes les spécialités se sont emparés du privilège de bâtir.
C'était de règle non seulement en Russie, mais aussi dans l'Europe Occidentale.

Ce n'étaient que les détails qui variaient, comme règle générale: la grande construction se passe fort bien de l'érudition historique de l'architecte.

La dynamique des événements historiques en Russie, les ébranlements économiques et politiques grandioses ont été les sources puissantes d'une activité animée dans tous les domaines de l'art russe. Les personnalités les plus perspicaces et les plus actives ont vu dans le renoncement au passé le gage de la création possible de quelque chose de grand et de nouveau. Cette période est admirable par l'énergie potentielle répandue partout, par l'élan de la jeunesse enthousiaste. C'est précisément à cette époque que se rapportent les premiers progrès de l'architecture russe.

Restaurant de la Section Étrangère à l'Exposition d'Agriculture à Moscou de 1923, architecte W. Stchouko.

Ce sont les peintres et non les architectes qui ont été les apôtres de l'esprit nouveau dans l'architecture. Libres des liens des autorités historiques, ils ont proclamé audacieusement cette devise: «L'art doit construire et organiser la vie et non l'orner». La technique, comme étant le facteur le plus actif de la construction contemporaine, est considérée par eux comme modèle; pour certains elle devient le but unique. Ces audacieux osent l'admirable tentative de rendre à l'art de l'architecture son principe d'organisation. Ils considèrent les conquêtes de la technique comme des révélations en même temps de l'art nouveau, ils projettent la réforme la plus radicale

Pavillon de l'industrie de tabac „Makhorka" à l'Exposition de l'agriculture à Moscou de 1923, architecte C. Melnicoff.

de l'architecture, du mobilier, du costume, de toutes les productions de l'industrie. Des dessins et des projets-esquisses sont donnés pour les maisons du peuple, pour les bâtiments publics, pour un nouvel ameublement, pour toute une série de constructions de volume et d'espace de caractère abstrait.

A cette époque, les architectes les plus connus restent encore sous le pouvoir du passé. Suivis du nombreux personnel de leurs adeptes, ils se trouvent en face de la Russie nouvelle avec les formes, les images et les métaphores empruntées à l'histoire de l'architecture. Ainsi, au commencement, ils érigent des monuments dans le genre de «l'Obélisque à la Liberté», de la «Colonne rostrale de la Révolution» etc. Les formes des monuments du passé classique doivent servir encore pour interpréter le sens de ce qui se passe aujourd'hui. Des rêves de vastes projets d'architecte dans le genre de la mégalomanie de Piranesi et des travaux académiques de reconstruction du temps de la Révolution Française se réveillent. C'est dans cette atmosphère que commence le grand travail, largement conçu, du projet de la reconstruction de Moscou et de sa banlieue. L'audace de conception et la largeur des idées des jeunes personnalités de l'architecture appelées à ce travail sont fauchées en herbe par les «restaurateurs» du domaine de l'architecture et elles n'arrivent à montrer que partiellement leurs idées dans le projet élaboré. En somme ce travail n'est qu'un échantillon typique d'éclectisme éclairé.

A partir de 1919, une série de concours est organisée par l'État et les institutions publiques pour les projets de maisons et de villages des ouvriers, de bibliothèques-clubs rurales (isbas de lecture), de maisons du peuple, de clubs ouvriers, de palais du travail, etc. En même temps une série de concours pour la décoration des places publiques, des rues et des édifices pendant les grandes fêtes révolutionnaires est annoncée.

Comme tous ces concours exigeaient des projets élaborés et non des dessins ou des esquisses, il est tout naturel que ce furent les architectes

et non les peintres qui se sont
montrés les plus sûrs de la technique et les mieux dressés dans la
composition des projets. Ce fut
un partage tacite, un démembrement des forces artistiques. Les
architectes sont presque seuls
dans tous les concours de ce
temps; les peintres et les sculpteurs ont concentré leur activité
sur les mises en scène de
théâtre, sur l'ornementation des
rues les jours de fête, sur la
réclame, les projets pour vitrines et kiosques, sur la construction des meubles.

En fin de compte l'architecture russe présente trois courants marqués: celui des symbolistes — épigones de l'acadé-

Projet de maison pour la compagnie „Arcos", architectes
L., A. et W. Wesnine.

misme, celui des constructivistes — romantiques de la technique contemporaine, et celui des rationalistes.

Les représentants du premier courant ont adapté une «bienveillance
patiente» envers ce qui il y a de nouveau dans l'architecture. Leurs projets
sont des échantillons typiques de l'ancien académisme, corrigés dans la
direction de l'esprit nouveau: le plan symétrique reçoit un démembrement
asymétrique de la façade; l'élément de décoration, dans l'esprit de tel
ou tel style historique, est remplacé par les formes schématisées de la construction en carcasse de béton armé des gratte-ciels américains. Pour le
reste — ce sont des projets typiques de l'architecture russe décadente prérévolutionnaire; architecture de composition de surfaces purement graphiques,
ne se ressentant pas de la réelle situation de la construction à édifier.
Les nombreuses séries de maisons pour ouvriers projetées par ce groupe
d'architectes n'osent pas aller plus loin que les cottages de campagne
anglais qui ne sont qu'un peu modifiés pour les adapter aux conditions russes. Les maisons du peuple et les palais du travail, si intéressants comme
thèmes, trouvent leur solution soit dans le grand nombre des étages qui les
rend semblables à des gratte-ciels américains, soit dans l'amplification simple
de l'échelle de tout l'édifice, amplification qui n'est pas conçue par la vue.

L'architecture de l'Exposition de l'Agriculture et de l'Industrie de l'Union
à Moscou (1923) a reçu des mains de ces architectes des formes

d'architecture de bois, à motifs décoratifs empruntés aux constructions techniques et enluminées de peinture, avec un caractère graphique et plat pour presque toutes les façades.

A côté de ce groupe de symbolistes qui restent au fond de purs éclectiques et académiciens, se trouve un groupe moins nombreux, mais plus jeune, des idéologues de la technique contemporaine en général et de la machine en particulier. Ce sont les romantiques de la technique, les passionnés idéalisant l'ingénieurisme, parents des architectes-constructivistes de l'Europe Occidentale (comme par exemple Corbusier-Saunnier). Leur technicisme leur semble empreint d'une force et d'une importance mystiques. Leurs images architecturales sont du monde de l'ingénieur. De grands auditoires et des salles publiques en forme de turbines géantes, des galeries, des corridors, des toits d'entrée—le tout en forme de grues de port et des fermes rivées des ingénieurs, plans en forme de spirales, avec bâtiments auxiliaires se dégageant dans un mouvement centrifuge — images de la dynamique des engrenages mécaniques. L'aile gauche de ce parti, — les constructivistes, partageant avec les autres ces traits généraux, se distinguent encore, au moins dans leurs déclarations, par une négation absolue de l'esthétique. Pour eux l'art c'est l'ingénieurisme plus l'utilitarisme plus les considérations économiques. Dans leurs projets, ce sont les romantiques les plus incorrigibles, des techniciens intransigeants, des « décorateurs » de « par la construction technique ». Leurs procédés et leur matière première c'est le verre et le squelette schématisé en béton armé, décoré d'inscriptions, d'affiches, de peinture. Leurs défauts sont: l'absence d'une forme assez précise, le manque de considération pour les déformations et les raccourcis de perspectives possibles, le défaut de système dans l'échelle et dans l'expression des étendues et de l'espace.

Le troisième courant est celui des architectes-rationalistes. C'est un groupe peu nombreux, comptant dans le nombre quelques professeurs à l'École Supérieure des Arts de Moscou (VKHOUTEMASS) ainsi que les étudiants s'intéressant à l'architecture et s'en occupant. Ce parti est intimement lié avec les institutions scolaires supérieures de la République. Les principes fondamentaux de ce groupe sont: la liaison étroite avec l'actualité, le parti pris de se servir dans l'architecture autant que possible des données de la science et de la technique, la profession du principe formel de l'organisation architecturale. Le volume des parties doit être exprimé avec précision, tout en calculant leur conception par la vue. L'expression et la manifestation des étendues sont obligatoires pour faire l'orientation visuelle dans l'espace possible. L'architecture, autant qu'art, ne peut exister en dehors de l'esthétique, mais l'idée de l'esthétique est un dérivé de l'actualité. Le sens de l'esthétique moderne est de résoudre et d'exprimer dans les

Théâtre d'Art de Moscou. Scène de «Lysistrate» (mise en scène de I. Rabinovitch).

formes les qualités de l'objet par les moyens de tel ou tel art, de manière
que la conception de ces qualités puisse s'effectuer dans le laps de temps
le plus court. Le problème d'architecture ainsi résolu donne au spectateur
moderne dans les conditions de la dynamique du jour courant la possibilité
de concevoir rapidement la forme de l'objet et, comme conséquence,
d'apprécier le sens de sa solution harmonique et rhythmique. Nous
constatons la reconnaissance de l'esthétique en même temps que de la
technique, mais chez les rationalistes cette dernière est subordonnée aux
principes de l'architecture. Telle est la profession de foi de ce groupe.

Résumant ce qui a été dit et jetant un regard sur les projets d'architecture
présentés à la Section de l'U. R. S. S. de l'Exposition, il est indispensable
de reconnaître qu'en somme l'architecture russe se trouve dans la voie d'un
progrès sûr. La possibilité de ce progrès est reconnue par les représentants
de tous les courants. L'architecture avance en gagnant méthodiquement
ses positions perdues depuis longtemps. La profession du principe formel
comme seul satisfaisant donne l'espoir que l'architecture va se transformer
de nouveau d'un art ne tendant qu'à orner la vie en un art capable de
la reconstruire et de l'organiser, comme cela a eu lieu au commencement
de l'histoire de l'humanité, quand la première cabane bâtie a été opposée
par toute son organisation au chaos de la nature qui l'environnait, comme
cela a eu lieu quand l'architecture organisait la vie du temps de l'ancienne
Grèce, de la gothique et de la Renaissance Italienne primitive.

N. Docoutchaeff.

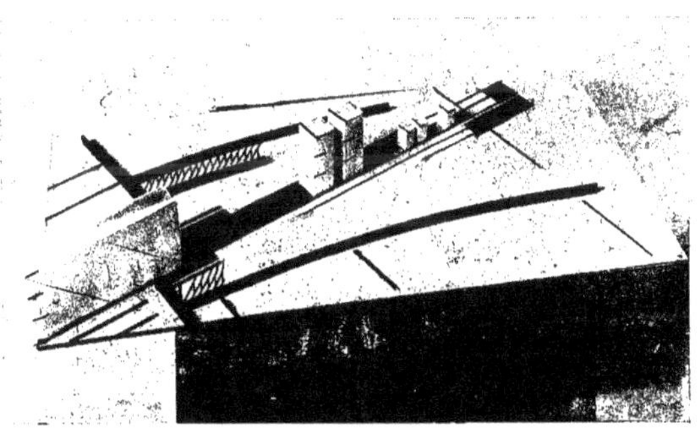

Composition rhythmique (thème pour étudiants de l'école des beaux-arts).

L'ENSEIGNEMENT SUPÉRIEUR DES BEAUX-ARTS
À MOSCOU.

La question de l'enseignement supérieur des beaux-arts n'est qu'un des détails du tableau de ce culte des beaux-arts qui s'est développé en Russie durant les années de la Révolution. La Révolution a changé de fond en comble toute notre vie sous tous les rapports sans en exclure, certes, l'enseignement des beaux-arts.

Une conférence des écoles des beaux-arts de Moscou et de Léningrad, réunissant les représentants des étudiants avec ceux des facultés de ces écoles, fut organisée aussitôt après la Révolution d'Octobre, elle a élaboré le règlement de la nouvelle école des arts plastiques, — les Ateliers Libres d'État. Les principes particuliers à cette institution étaient: le choix libre des professeurs par les étudiants et la participation la plus active des étudiants à l'élaboration des nouvelles méthodes d'enseignement.

Cette conférence a produit un rafraîchissement et un rajeunissement à fond de l'école supérieure et moyenne des beaux-arts. L'Académie des Beaux-Arts de Léningrad, l'École de Peinture, d'Architecture et de Sculpture et l'École Stroganoff à Moscou ont changé tout le personnel de leurs facultés sur le principe de la représentation de toutes les tendances de l'art. A Moscou, par exemple, les professeurs de l'École Supérieure ont été élu parmi les meilleurs représentants du groupe des Césannistes (de la Société nommée «Le Valet de Carreau»), les cubistes, les «sans-sujetistes», les quelques représentants de l'académisme et même les réalistes de la Société russe des expositions ambulantes. Les portes des écoles ont été ouvertes pour admettre aux études tous ceux qui ont dépassé la limite d'âge de 17 ans et qui ont prouvé leur disposition pour l'étude des beaux-arts. C'est ainsi que les enfants d'ouvriers et de paysans sont entrés dans ces écoles.

C'est précisément à cette période du développement de l'école russe des beaux-arts que la République est redevable de l'apparition de cette jeunesse artistique bien douée, qui a produit les travaux connus de Paris par la tournée du Théâtre de Chambre et par l'Exposition des constructivistes.

Mais l'enseignement des beaux-arts ne s'est pas arrêté là: au fur et à mesure que l'enseignement se développait et que les questions des méthodes étaient de plus en plus étudiées, et aussi sous l'influence des exigences déclarées aux établissements scolaires professionnels par l'État, celles notamment de préparer un cadre de travailleurs dans l'industrie d'art et dans l'éducation des beaux-arts, la question de l'analyse à fond des méthodes mêmes de l'enseignement des beaux-arts s'est élevée. A vrai dire les Ateliers Supérieurs libres de l'État n'avaient de particulier en comparaison avec l'ancienne Académie que le personnel de leur faculté; quant aux méthodes de l'enseignement des beaux-arts, elles restaient les mêmes, absolument individuelles et personelles.

A partir de la fin de 1919, les étudiants mêmes et les meilleurs des professeurs ont mis à l'ordre du jour l'élaboration des nouveaux programmes basés sur des principes d'enseignement absolus.

Ce problème auquel on

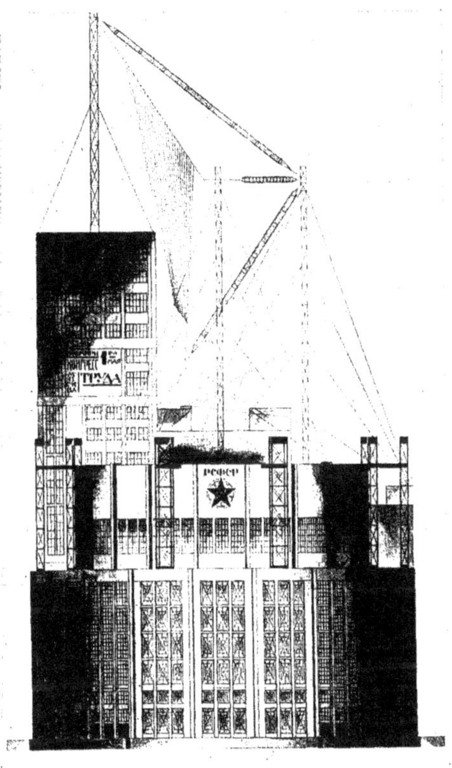

Projet d'un Palais du Travail, architectes L., A. et W. Wesnine.

travaille en Russie depuis 4 à 5 ans, doit parvenir à assainir définitivement l'enseignement, indépendamment du personnel des facultés. Pour le moment on n'est pas à bout de ce travail qui, une fois terminé, vise a créer, sur des données scientifiques concernant la lumière et la couleur, et par les moyens de l'analyse scientifique des formes de l'art actuel et passé, des disciplines d'enseignement absolues pour les écoles supérieures. Ce grand travail, l'un des plus considérables dans la vie artistique de la Russie Révolutionnaire, dépasse de beaucoup les limites de l'art russe et peut avoir une grande importance pour les écoles des beaux-arts de l'Europe Occidentale.

Il serait impossible d'émettre en peu de mots toutes les particularités, qualités et défauts de cette nouvelle méthode d'enseignement des beaux-arts, c'est pourquoi je ne peux m'arrêter que sur certains moments, concernant plus particulièrement les Ateliers Artistiques et Techniques Supérieurs de Moscou, où la réforme a pris son aspect le plus net.

Chaque étudiant admis à l'école supérieure des beaux-arts entre d'abord, dans la Section fondamentale divisée à son tour en trois sections concentriques: celle de la graphique, celle de la surface-couleur, et celle du volume-espace. On y étudie les éléments principaux de la graphique, de la couleur, de la sculpture et de l'architecture. La méthode de l'enseignement à la Section fondamentale est toute analytique; les élèves apprennent non seulement à dessiner, à modeler et à exécuter des projets d'architecture, mais ils travaillent encore sous la direction des professeurs à l'étude de la couleur sur la surface, aux procédés de superpositions des éléments colorants sur des surfaces unies ou inégales, à l'étude des formes de volumes divers, au montage dans l'espace par le procédé des maquettes, et à l'étude des formes, des surfaces colorées dans l'espace. Ces études terminées, l'étudiant doit choisir à son gré une des facultés de l'école. A Moscou ce sont les facultés suivantes: la faculté de peinture (qui consiste en 3 sections: celle de la peinture de chevalet, celle de la peinture monumentale et celle de la peinture théâtrale-décorative), la faculté de sculpture, la faculté d'architecture, la faculté graphique, celle de travail sur bois, celle des textiles et celle de travail sur métal.

La seconde année de ses études, l'étudiant passe encore les 30% de son temps scolaire à la Section fondamentale, mais déjà uniquement en rapport avec la spécialité qu'il a choisi; quant au reste de son temps scolaire, il le passe au deuxième cours de la faculté.

Les programmes des facultés ont subi et subissent encore un remaniement détaillé dans le but d'améliorer l'enseignement sur des principes absolus, et en même temps d'adapter autant que possible l'enseignement aux exigences de la vie et de la technique qui sont actuellement si étroitement liées avec l'école russe des beaux-arts. Outre les travaux d'atelier, les étudiants travaillent encore en été et en partie en hiver aux fabriques et aux usines afin de connaître à fond leur spécialité. La faculté graphique qui a pour but essentiel de créer l'artiste du livre, un maître connaissant toute la complexité de la technique de l'impression dans les formes les plus diverses de notre polygraphie contemporaine, outre un enseignement général d'art, donne à chaque étudiant la connaissance d'une spécialité précise, en préparant des xylographes, des eau-fortistes, des photomécaniciens et des lithographes. Ce sont les œuvres graphiques présentées à la Section de l'U. R. S. S. à l'Exposition de Paris qui peuvent montrer le mieux la manière de l'enseignement à l'Ecole des beaux-arts de Moscou et le degré du savoir technique de ses étudiants.

La faculté de travail sur bois représentée à l'Exposition par un nombre comparativement restreint de travaux peut néanmoins montrer l'habileté des étudiants à donner les projets des bâtiments de bois avec tout leur aménagement (maquette de cabane-salon de lecture, dessins de clubs d'ouvriers, etc.). C'est le même cas pour la faculté de travail sur métal, pour la faculté des textiles et pour les autres facultés où le but de l'enseignement consiste à donner à l'étudiant des thèmes non seulement adaptés aux exigences du marché, mais encore en correspondance avec le niveau de notre industrie. Un des problèmes principaux est de ne pas faire monter le prix de l'objet à cause de son perfectionnement sous le rapport artistique, bien au contraire de le livrer plutôt à meilleur marché. L'attention de l'artiste-étudiant est concentrée sur la construction artistique de l'objet et sur son adaptation à son but, ce qui remplace actuellement l'ancienne manière d'ornementation des superficies des objets.

A la faculté de peinture, le problème capital est d'établir une liaison entre la faculté et les clubs ouvriers et les casernes pour ouvriers, dans le but de les pourvoir au point de vue de l'art. Chaque trimestre les étudiants se dirigent par groupes à telles ou telles fabriques et usines pour étudier le rhythme du travail humain et les scènes de la vie ouvrière; dans ce but ils font des dessins et des études qui plus tard trouvent leur place dans les clubs et les casernes d'ouvriers. Une pareille méthode d'enseignement oblige involontairement les étudiants à préciser avec attention toutes les manifestations de notre vie contemporaine révolutionnaire, pour en empreindre puissamment et originalement les œuvres des beaux-arts.

C'est peut-être la section théâtrale-décorative qui démontre avec le plus d'intensité les liens intimes unissant les travaux de la jeunesse étudiante avec les courants de la vie théâtrale russe. C'est de même pour notre architecture dont le niveau est traduit par les travaux de la faculté d'architecture.

La vie qui se manifeste avec tant d'intensité à l'école de Moscou témoigne la justesse de ligne à suivre qu'elle a projetée, la vitalité de ses programmes scolaires, si éloignés de la scolastique et de l'académisme, et le progrès des nouveaux méthodes de l'enseignement des beaux-arts.

D. Sterenberg.

La maison nouvelle de la compagnie „Mosselprome“ à Moscou.

TABLE DES MATIÈRES.

	Pages.
Préface par P. Cogan	5
L'Exposition de Paris doit aider à faire connaître l'U. R. S. S. par O. D. Kameneff.	9
Développement d'art dans l'U. R. S. S. par A. Lunatcharsky	15
La Russie—pays d'art décoratif par Victor Nicolsky	22
L'élément national dans l'art de l'U. R. S. S. par J. Tugendhold	27
L'art paysan et la petite industrie à domicile par N. Bartram	34
L'artiste et l'industrie par D. Arkine	39
La nouvelle porcelaine russe par Dm. Ivanoff	48
L'impression sur tissus dans l'industrie textile russe par ingénieur A. Lebedeff .	53
La graphique et la polygraphie russe par professeur A. A. Sidoroff	58
Le théâtre et le peintre pendant la Révolution par Abram Efross	67
Trois tendances de la nouvelle architecture russe par architecte N. Docoutchaeff.	80
L'école supérieure des arts à Moscou par D. Sterenberg	86

Rédacteurs:

P. Kogan, Victor Nicolsky et J. Tugendhold.

TABLE DES ILLUSTRATIONS HORS TEXTE.

Pages.

«Un laboureur», peinture en laque par «coustar» du village Palekh Golikoff (boîte, grandeur naturelle) . . . . 8—9

Boîtes en bois peintes (travaux des «coustars» de Moscou) . . . . 12—13

Jouets en papier-mâché peints par A. Dournovo . . . . 16—17

Les boîtes d'écorce de bouleau et du bois peintes (travaux des «coustars») . . . 20—21

Plateaux en laque peints (travaux des «coustars») . . . . 28—29

Jouets et sculptures en bois, travaux des «coustars» de bourg Serguieff (environ de Moscou) . . . . 36—37

Grand châle imprimé (production du Camvolny Trust) . . . . 44—45

Porcelaine de la Manufacture de l'État: théière—par Tschekhonine, «Une ouvrière brodant le drapeau rouge» et «Soldat de l'Armée Rouge»—sculptures par Danko 48—49

Plats de porcelaine de la Manufacture de l'État («Le téléphoniste»—par Lébédeva, «Le flot Baltique Rouge»—par Tschekhonine, «Lénine»—par Altmann, «Oiseau miraculeux» et «Joueur d'harmonica»—par Stchékotikhina) . . . . 52—53

Deux châles imprimés (production du Camvolny Trust) . . . . 56—57

Scène de «Roméo et Juliette», mise en scène par Exter . . . . 68—69

Scène de la comédie «La Forêt», mise en scène de Chestakoff . . . . 76—77

Scène de «Lysistrate», mise en scène de I. Rabinovitch . . . . 84—85

92

Théâtre de Meyerhold. Scène de „Trust D. E.".

TABLE DES ILLUSTRATIONS DANS LE TEXTE.

Pages.

Projet de décoration du tombeau de Lénine 9
«Le cortège révolutionnaire», plateau en laque peinte 11
«Prise du Palais d'Hiver», mise en scène en masse 13
Club du Théâtre Meyerhold 14
«Le soldat rouge»—trav. de l'atelier céramique de Gjel 15
Scène de «Princesse Turandot», mise en scène de Nivinsky 17
Scène du ballet «Le Beau Joseph», mise en scène d'Erdmann 19
«Le mariage soviétique», couteau pour papier en bois peint 22
«Les travaux d'été», plateau en laque peinte 25
Deux assiettes oukraïniennes modernes 27
Couverture d'un livre tartare 30
Tapis de feutre, travail de Crimée 31
Jeu d'échecs «les Rouges et les Blancs», sculpture sur bois 34
«Mardi gras rustique», boîte en laque peinte 35
Poupées représentant les nations de l'U. R. S. S. 38
Dessin pour tissu imprimé par L. Popova 39
Modèles nouveaux pour robes de femme par Davidova 40
Drapeau de «Proletcult» 41
Affiche pour un spectacle par L. Popova 42

Pages.

Modèles nouveaux pour robes de femme de l'atelier Lamanoff 43

«L'anniversaire de la Révolution de l'an 1917», châle de tissu imprimé 45

Plat, trav. de l'Institut de l'Art Décoratif à Léningrad 47

Porcelaine de la Manufacture d'État (dessins nouveaux) 48

Porcelaine de la même Manufacture (dessins de Tschekhonine et d'Adamovitch) . 49

Figures porcelaines pour jeu d'échecs, sculptures de Danko 52

Tissu imprimé (style soviétique) . . . . 54—55

Dessin pour tissu imprimé 57

Marque de l'Union des ouvriers de l'industrie polygraphique 58

Illustration pour «Le portrait» de Gogol par Kravtchenko 59

Couverture de livre par Tschekhonine 60

Salle Sverdloff dans le palais du Comité Exécutif par Favorsky 61

Affiche industrielle par Wesnine 64

Affiche «Au secours» par Moor 65

Pavillon du «Gossizdat» par Lavinsky 66

Décor pour «Don Carlos» par Rabinovitch 69

Scène de «La Sorcière», mise en scène de Rabinovitch 72

Scène de «Gadibouk», mise en scène d'Altmann 73

Décor pour «Uriel Acosta» par Altmann 74

Scène de «Nommé Jeudi», mise en scène de Wesnine 75

Scène du «Lac Lull», mise en scène de Chestakoff 77

Scène de «Princesse Turandot» 79

Projet d'un palais du travail de Ludwig 80

Restaurant de la section étrangère à l'exposition de 1923 de Stchouko 81

Pavillon de l'industrie de tabac à la même exposition de Melnicoff 82

Projet de maison pour la compagnie «Arcos» par Wesnine 83

Composition rhythmique 85

Projet d'un palais de travail par Wesnine 87

La maison nouvelle de la compagnie «Mosselprome» 90

Scène de «Trust D. E.» 93

Coffret du bois peint, trav. des «coustars» 94